立教大学 池袋キャンパスにて　2018 年 7 月 24 日

立教大学 池袋キャンパスにて　2018 年 7 月 24 日

立教大学 12 号館会議室にて鼎談（本書第 6 章）　2018 年 7 月 24 日

本書の出発点となった昨年（2017）12月10日　講演会

テーマ

「日本の約束 ～秘められた歴史から、今、日本の在り方を問い直す～」

立教大学 池袋キャンパス

（主催：立教大学ウエルネス研究所　濁川孝志）

長堀　優

矢作直樹

（写真提供　濁川孝志）

矢作直樹（やはぎ なおき）

1956年、横浜市生まれ
東京大学名誉教授
著書『人は死なない』（バジリコ）、『天皇』（扶桑社）他

長堀 優（ながほり ゆたか）

1958年、東京都生まれ
育生会横浜病院 院長
著書『見えない世界の科学が医療を変える』『日本の目覚めは世界の夜明け』（でくのぼう出版）他

濁川孝志（にごりかわ たかし）

1954年、新潟県生まれ
立教大学大学院コミュニティ福祉学研究科教授
著書『星野道夫の神話』（コスモス・ライブラリー）、『新・コミュニティ福祉学入門』（有斐閣）他

日本の約束

世界調和への羅針盤

矢作直樹
長堀　優
濁川孝志

はじめに

濁川孝志

先の大戦の終結からその後に続く東西冷戦構造も崩壊し、世界はいよいよ調和の方向へ向かうのではないかという多くの人々の期待もあったのでしょうが、現実に目を向けると今世紀に入り世界はいよいよ混沌と化し、むしろ混迷を深めているようにさえ思えます。近年、世界のグローバル化は急速に加速し、色々な意味で国を隔てる垣根は低くなったのですが、同時に世界の富は一極に集中し、人口の1％が世界中の富の半分を握るといういびつな社会格差を生み出しました。アメリカには世界調和よりも自国経済の優先を公然と掲げるトランプ大統領が生まれ、中国は力任せに無法な国際進出を図り、EUはイギリスの離脱でその結束にきしみを見せ始め、さらには核武装を本当に解除するのか疑わしい独裁国家北朝鮮の存在など、世界の政治、軍事、経済は微妙なバランスの綱渡りを余儀なくされる状況です。その他にも深刻な難民の存在と移民問題、絶え間のない国際紛争とテロの恐怖、構造的な貧困問題、気候変動をはじめとする地球環境問題などなど、今、世界は多難な課題が山積する状況です。

一方日本はと言うと、世界の中では比較的平和で豊かな国のようにも見えますが、事態はそれほど楽観できるものではなく、ざっと考えただけでも以下のような深刻な問題が横たわっています。

・超高齢社会における少子化の問題、労働力不足の問題。
・青少年犯罪の凶悪化、親殺し、子殺しなどに象徴される著しい道徳観欠如の問題。
・全てアメリカの言いなりにしか行動できない日本政府の、というより日本国が持つ国体の構造的問題。
・誰のためか分からないような国民疎外の政治や、政官癒着の問題。
・あれだけ悲惨な事故を経験しても、なお迷走する原発問題。
・その他にも、あまり注目はされていないですが水源の問題、食の安全の問題、気候変動や自然災害の問題などなど。

そして何よりも、もうそこまで来ているAI時代、すなわち人工知能が人間に取って代わるというSF映画のような時代を、人々はどのようなスタンスで生きて行けばよいのか、そこがまったく見通せません。これらの問題の他にもう一つ、基本的な事実として日本人の人間性が疲弊、劣化しているような気がしてなりません。精緻を極める匠の業と、矜持をもった誠実な物作りが生み出した「Made in Japan」。それはかつて、世界に通用する品質保証の代名詞だったはずです。しかし、ここに来て次々と明るみに出る日本を代表するような世界的大企業でのデータ改ざんなど不正の数々。これは、いったいどうした事でしょう。古来日本人が有していた世界にも稀にみる感性、すなわち調和を重んじる心や他人を思いやる価値観、年長者を敬う道徳観や生活に根差していた自然との一体感……そのような日本人らしさが少しずつ薄れてきているように思えるのです。日本はこのままで大丈夫なのだろうか。日本人は、どうなってしまうのだろうか。

そんな問題意識の下、大学教員である自分に何ができるか考えたとき、思いついたのが立教大学でのシンポジウムの開催です。幸い私の知人の中に、これら日本の問題に関して見識が高く著書などを通じ貴重なメッセージを発している人がいました。東京大学名誉教授の矢作直樹先生と、育生会横浜病院院長の長堀優先生です。偶然にもお二人ともお医者様です。更に共通しているのは、お二人とも目に見えないものの存在を固く信じているという点です。医療現場は、高度な科学的論理性が求められる唯物論的世界であり、いわゆるスピリチュアルな世界とは最も遠い存在です。そのような世界に身を置きながら、お二人は勇敢にも霊の存在や輪廻の可能性などを前提に多くのメッセージを発信しています。実は私がこのお二人の先生と関われたのも、自分の研究分野の一つでもある霊性（スピリチュアリティ）の問題に関してお二人が言及されていたからです。

ところで皆さん、霊性（スピリチュアリティ）とは一体何でしょう。霊魂の存在とか、生まれ変わりなどといったスピリチュアルな現象でしょうか。確かにそれらの現象は霊性を考える上での重要な要素の一つです。あるいは、悪霊とか霊感商法とか、そういうネガティブなイメージでしょうか。しかしそのようなネガティブな事象は、霊性の本質とはまったく無縁のものです。それらは、悪意をもった人間がスピリチュアルな現象を利用して作り出した人為的な解釈や行為に過ぎません。霊性の本来の意味は、万教同根であるはずの宗教がもつ共通要素、すなわち多くの宗教が説明している宇宙の成り立ち、超越的存在（神）との繋がり、生きる上での規範などの共通部分のエッセンスです。それと同時に、宗教が持つ負の側面、すなわち他の宗教を否定したり、独自の観念体系や教義を強要したり、という拘束的な部分を取り除いたものです。従って霊性とは、人間が普遍的にもつ人間存在の意味や価値を問う行為や、人知を超えた大いなる存在を認識し、それに対し畏敬の念を抱くことなど、人間ならではの深遠な特質と捉えることが出来ます。悠久の時を超えて繰り返される大自然の営みに畏怖を覚え、樹木や動植物、更には山や川や風などにまである種の神性を感じ取る。そんな営みこそ、霊性の顕われと見ることができるのです。また自他を一体と捉え､個人の繁栄よりも全体の調和を重んじる精神も霊性がもたらすものでしょう。世界中の先住民族やかつての日本人は、この霊性に根差した生活をしてきたように思えます。さらに霊魂の存在や生まれ変わりといったスピリチュアルな現象に関して言えば、世界中の多くの研究者が真摯な研究を重ね、それらの成果を見れば、状況証拠のレベルではありますが、これらの現象の存在はほぼ間違いないでしょうし、近年の量子力学の知見もかつての物心二元論の限界を見極め、人間の想念の力を科学的に裏付けるレベルまできています。

霊性に関する記述が長くなってしまいました。しかし本書で語るお二人の議論のベースには、この霊性に基づいた眼差しが一貫して流れています。従って本書の趣旨、議論を理解するうえで、霊性への眼差しは本質的に外せないと考え敢えてここに書かせてもらいました。霊性を正しく理解すれば、価値観のパラダイムシフトが起こり人生の意味が違って見える。いや、人間の本来の姿が見えてくると思うのです。

そんなお二人は最近になって、日本や日本人に関して語り始めました。つまりは先に挙げた多難な内外の情勢の中に在って日本や日本人はどうすべきか、その道標となるようなお話を著書や講演で語っているのです。中国のことわざに、「小医は病を医《いや》し、中医は人を医し、大医は国を医す」という言葉がありますが、私の目にお二人は、正にこの日本を医すための大医のように映りました。そこで私はこのお二人を立教大学にお招きして、多くの皆さんの前でこれらの問題に関して語って頂き、シンポジウムという形で会場との議論を深め、その内容を世の中に発信したいと考えたのです。題して「『日本の約束』～秘められた歴史から、今、日本の在り方を問い直す～」。このシンポジウムは、２０１７年12月10日に立教大学池袋キャンパスで行われました。

日本人は何処からきて、何処に向かおうとしているのか。急速に世界がグローバル化しつつある中、先にも記したように世界には解決困難な課題が山積み状態です。このような社会にあって、日本の役割、日本人の役割とは何なのか。本書では、先のシンポジウムでの議論をベースに、そこでは語り尽くせなかった多くのテーマに関して、濁川がインタビューしながらお二人の識者に語って頂きました。

八百万の神を受け入れ、アニミズム的な自然観を有する日本人。同時に「おかげさま」「お互いさま」「足るを知る」「お天道さまが見ている」など、昔から日本人の心に根付いてきた感性。そんな日本人本来の姿を想いながら、時には古代遺跡が示す日本人のルーツなども辿り、時には日本の立ち位置を世界という視点から俯瞰しつつ、この混迷する世界にあって日本人の果たすべき役割について考える、進むべき方向を考える、というのが本書の目的です。本書での議論が、今後皆さんが日本の在り方を考えるうえで少しでも参考になれば望外の幸せです。

目次

「日本の約束」——世界調和への羅針盤

第2章　日本とはどんな国か

第3章　かつて日本は世界の中心だった　―― ムーの残影を追いかけて ――

第5章　見えてきた希望の萌芽

第1章　人間とは何か

霊性に根差した生き方

長堀　優

古来、日本人は、全ての存在に見えない魂や霊性を感じ、厳しくも慈しみ深い自然を崇拝し、人、そしてすべての生き物と共存し、愛と調和の中で平和な社会を営んできました。

近年の研究の進展により、縄文という時代が、豊かな風土と食に恵まれ、世界にも類を見ないほどの高度な文明を築き、1万年以上にわたって集団で人が殺しあうことのなかった平和な時代だったことがわかってきました。日本人の精神性は、この時代から、悠久の歴史の中で培われ、育てられてきたともいえるでしょう。

日本人が大切にしてきた言葉が「霊性」です。「霊性」とは、私なりには、「神仏、超越的存在、先祖、心、魂など目に見えない神秘的存在を意識すること」、つまり、無限の広がりを持つ見えない世界にあるすべてのエネルギーとつながり、自らを生かす存在に感謝することと考えています。さらに、日本人は、この見えないエネルギーが、遍《あまね》く自然にも存在していると感じています。つまり、樹木や草花はもちろん、岩や川や山など世に存在するものすべてに霊魂が宿っていると信じてきたのです。日本人は、「霊性」という言葉のままに、見えない世界や自然に畏敬の念を抱き、亡くなった人の魂ともつながりを感じながら、脈々と命をつないできたといえるでしょう。

日本において、魂が、非科学的と断罪され、否定されてしまったのは、それほど昔のことではありません。科学が、目に見える物（肉眼や観測機器で認識できる物質）を対象にここまで発展してきたことを考えれば致し方ない面があると言えるでしょう。しかし、量子力学が登場してからというもの、科学と目に見えない世界との関わり合いが、まったく様変わりしてしまったのです。

では、ここで、量子力学的に見た魂について、ごく簡単にではありますが、考えてみることにしましょう。

量子力学の分野においては、「二重スリットの実験」の登場が、新しい時代を拓くことになったと言われています。その内容の詳細については省略いたしますが、ご興味があれば『量子力学で生命の謎を解く』（ジム・アル＝カリーリ、ジョンジョー・マクファデン著）、『タマシイはひたすらびっくり体験とわくわくアイデアだけを求めてあなたにやって来た！』（池川 明、長堀優著）などをご参照ください。

この実験により、確認されたことを一言でいうなら、素粒子（物質を構成する最も基本的な単位）を観測しようとすると、一個の粒子である「物質」として振る舞うのに、観測していないときには、空間的な広がりをもつ「波動」になってしまう、という不思議な現象でした。

わかりやすく言えば、いつもは、「物質」としての実体があやふやな光の玉が、人間が観測しようとすると、突然小さなボールに変わるようなもの、といってもよいでしょう。肉眼的に確認できる世界では、到底ありえないことです。その上、あたかも人の意志を読み取っているかのような素粒子の振る舞いにも、たいへん驚かされます。

しかも、何千回となく繰り返され、実証されている「二重スリット実験」の結果を疑う物理学者は、信じがたいことに、もはやどこにもいません。この実験により、従来の物理学的常識が、根底から覆されつつあるのです。

古典的な物理学では、宇宙で起こるすべての事象は「物質」によって起こされると考えられています。ですから、宇宙を構成する究極の「物質」とされる「素粒子」も、あくまでも「物質」でなければなりません。

まさか、「素粒子」が、「物質」としての実体がはっきりしない「波動」として振る舞うなど、それまでの科学的常識では、まったく考えられないことだったのです。

なによりも、「波動」や「物質」が、観測者の意志を推し量るなどということが、どうしてあり得るのでしょう。

でも、「二重スリット実験」が示した事実に基づいて考えるなら、「その存在に気づいたり、意識を寄せることにより、エネルギーが粒子に変わる」、さらには、「人の心次第で、エネルギーから物質が生じる」という仮説も、頭ごなしに否定できなくなってくるのです。

この結果について、量子力学の生みの親であるマックス・プランクも、「意識は物質よりも根源的で、物質は意識の派生物に過ぎない」と驚きを持って受け入れています。

この論理をそのまま解釈するなら、物質と意識の因果関係は逆転します。

つまり、もし意識が現実を生み出しているならば、意識が脳という物質を生み出す、ということにもなります。であれば、肉体という物質が滅しても、意識まで一緒に消滅することはない、すなわち、死んでも意識は残る、と読み解くことも、決して不可能ではなくなってくるのです。

では、意識、魂と身体の関係はどうなるのでしょうか、この点については、この章の後半で、矢作直樹先生が、「素領域理論」に基づいて説明されますので、ご参照のほどお願い致します。

もちろん、以上のことは、あくまでも、ひとつの解釈の仕方にすぎません。しかし、「魂などあるはずがない、死後の世界など非科学的」というこれまでの常識が、はたして正しいのか、と疑うことは許されるはずです。

この前提のもとに、さらに話を進めましょう。

魂を意識し、「霊性」に根差した生き方をすれば、私たちを活かす大いなる存在に思いが至り、生かされていることへの感謝、謙虚さが生まれてきます。そして、エゴが縮小し、他者との違いを素直に受け入れられるようになり、周りとの連帯感が増してきます。価値観の大転換が起きるのです。

私は、前作『日本の目覚めは世界の夜明け』を通じ、霊性を靈性と表記しました。旧字体の「靈」の字は、3人の巫女が、雨雲にむかって雨乞いをしている姿を現すとされており、天、宇宙と意識をあわせていた日本人がいにしえより馴染んできた精神性そのものです。残念ながら、この霊性をオカルトと断罪してなおざりにし、経済効率や物質の豊かさを追い求めてきた現代社会は、人々に心の安定をもたらすことはありませんでした。

有史以来、地震や台風、火山の爆発など、この日本列島は、全てが失われるような数々の激烈な自然災害に翻弄されてきました。ここで生き抜くには、日本人は、繰り返される苦難を受け入れ、ともかく耐え忍ぶしかありませんでした。その中で生まれた「仕方ない」

という日本古来の言葉が、〝どんなことがあっても受け入れよう〟という日本人独特の受容の心を生み出し、絶望の淵から這い上がる力になってきたのです。この列島の上で日本人が生き抜くためには、過酷な運命を受け入れ、耐えるしかなかったのです。その忍耐を支えた言葉が、この「仕方ない」でした。東日本大震災でも、日本人独特のこの精神性が、世界中を感動させ、多くの賛辞を浴びたのです。

全国各地で「古事記塾」を主宰されてきた今野華都子氏（著書『はじめて読む人の「古事記」』）は、ご自身のブログの中で、苦難に耐える日本人の心情を、「怺《こら》える」という言葉で表現しています。

「『怺える』には我慢するだけではなく許しが入っています。

怺（こら）えるとは。／大きな悲しみや理不尽な辛さを我慢しなければならない時もあります。

（…）理不尽を敢えて飲み込み良い方へ導く強い心が怺えるです。

この時はただ耐えているのではなく、我慢を強いている相手を許すことも含んでいます。許しがたい事を許し破滅し合わないことを意味しています。

植物の根を養っている時です。自分を光に向かわせる揺るぎ無い心棒を養っている時です。

自分の正しさを主張し、言い負かすのが勝ちの外国人には理解しがたい言葉なのです」

日本人が持つ受容の心を見事に表した言葉が「仕方ない」であり、この「怺える」であると言えるでしょう。このような外国語には訳しがたい言葉、日本人の美しい感性が編み出したかけがえのない言葉とともに、受容の精神が、日本人の意識の奥深くにまで染み込んでいるのです。

裏を返せば、その心根は、常日頃自分を生かしてくれる大いなる存在への絶対の信頼と感謝を捧げる「おかげさま」という言葉に集約されます。私たち日本人は、「おかげさま」に感謝を捧げ、主語のない日本語の中で育ち、エゴの意識を縮小させながら、謙虚さを美徳として命をつないできたのです。

そして、私たちを生かす偉大なる存在が間違えたことなどするはずがない、という全幅の信頼感こそが、どんなことがおころうとも、パニックになることなく、「仕方ない」と受け入れる態度につながったともいえるでしょう。

日本人には、ある種の「達観」があるとも言われます。決して揺らぐことのない、日本人の精神の支柱とも言うべきこの「達観」があるがゆえに、さまざまな外国文明を変容させ自国に取り入れながらも、民族の魂の中心線はいささかも揺らぐことはなかったのです。この「達観」を生み出すものが、「おかげさま」への絶対的な信頼感であり、これこそが、日本人の根源的な宗教心と言ってもよいのではないかと私は考えます。

幾度となく襲ってきた過酷な自然災害の体験から、日本人は、生きていることは当たり前でないという事実に気付かされ、生かされていることに感謝をするようになりました。近年続く激甚災害を通じ、日本人が本来持っているはずの感謝と謙虚さが、いま再び、呼び覚まされてきているように私は感じています。

この一瞬に生きていることはそれだけでものすごいことなのです。

生かされているという奇跡に感謝し、私たちを生かしてくれる存在を心から信頼する、この心の持ちようこそが、死と向き合うことで生が輝く、まさに「生死一如《しょうじいちにょ》」の教えそのものです。

「生まれ　生まれ　生まれ　生まれて　生のはじめに暗く、
死に　死に　死に　死んで　死の終わりに冥《くら》し」

空海の書『秘蔵宝鑰《ひぞうほうやく》』冒頭の一節です。

人は、数えきれないほどの輪廻転生を繰り返しているにもかかわらず、なぜ生まれるのか、なぜ死ななければならないのか、という人生における根源的な問いに答えることはできません。何回生まれ死のうとも、人生の真理を考えようとしないのが人間である、空海のこの言葉は、物質文明にまみれて生きる私たちの姿を、見事に言い当てています。

この一生を生き抜く意味がわからなければ、人生の荒波に翻弄され、迷い、疲れ切り、最後は死の恐怖に苛まされながら、無明の暗闇の中で命を終えるだけです。

この人生の闇を、一転光に溢れた道に変えるのが、霊性に根差した生き方です。つまりは、目に見えない世界と繋がり、永遠に続く魂を意識し、今この瞬間を充実させる生き方です。永遠の魂を見据えれば、死は単なる卒業に過ぎません。決して恐れることなく、悠然と受け入れることができるはずです。

魂を意識すると、人生に起こるさまざまな病気や苦難はその意味合いをガラッと変えていきます。というのも、過酷な出来事も、永遠の魂を磨き、輝かせるための試練であり、苦難を乗り越えてこそ初めて体感できる人生の真実があることに気づくからです。今生において何を為すべきかについても考えさせてくれることでしょう。

考えてみれば、人生における幾多の楽しみも受難も、この肉体に魂が宿るからこその体験です。悲喜こもごものさまざまな経験を積むために、私たちは、この地上で肉体を持った生を授けられているともいえるのです。このような見方をすれば、病気に対する考え方や向き合い方も変わり、身体のバランスにも、必ずや良い影響を与えてくれるはずです。見えない世界への気づきは、個人の健康を越え、地球に生きる生命体すべての調和、幸せをもたらす生き方も示してくれるに違いありません。

日本人の遺伝子に組み込まれた「愛と調和と受容、分かち合い」の精神は、物質的にも精神的にも行き詰まった現在のこの世界に、必ず必要とされてくるはずです。今の混沌とした時代に、日本人の生き方は、未来を拓く手がかりを与えてくれることでしょう。

競争に明け暮れ、殺伐とした社会に翻弄され、心奪われているうちに、私たち日本人の精神は擦り切れ、本来の自分の姿をすっかり見失ってしまったようです。もともと日本人は、愛と感謝と受容の精神にあふれた民族であったはずなのです。

「家であれ国であれ、過去の御陰様を忘れて栄えた例《ため》しはない」

薬師寺の管長を務められた高田好胤氏の遺された言葉です。私たち日本人が、決して忘れてはならない重い戒めです。

日本人が、「仕方ない」「おかげさま」という心持ちとともに、大いなる存在に限りない感謝を捧げながら、この列島の上で生き抜いてきたことを、今こそ思い出す必要があるのです。

永遠の魂を視野に入れれば、生き方は前向きになります。医療においても、看取りが癒しに溢れたケアに変わることでしょう。医療の対象も、時空間や物質を超え、前世の記憶によるトラウマや、体を取り巻く見えないエネルギーへと大きく広がっていくことでしょう。そうなると、医療のあり方は、現在とはまったく様相を異にします。普段の体調を整えたり、予防に重点を置いたり、食に配慮したりと、もっと人に優しいものに変わっていくはずです。

ダライ・ラマ法王は、「日本ほど祈りの場が多い先進国は他にない、21世紀における日本の役割は大きい」と日本人への大きな期待を明らかにしています。我々日本人は、このような大きな期待に応えていかねばならないと思います。世界が追い込まれ疲弊している今こそ、我々は、日本人本来の精神を思い出し、新たな行動を起こしていく必要があるのではないでしょうか。

ピーター・ドラッカーは、次のように語ります。

「混沌とした時代において最も危険なのは、混沌そのものではなく昨日と同じ論理で行動することだ」

この言葉は、今の時代にまさにふさわしいと感じます。西洋的な物質主義主導の文明が極まり、先の見通せない世情の今こそ、霊性とともに、魂を見つめなおして、東洋的な古来の生き方を思い出し、世界に広げていくことが必要なのです。これこそが、現代に生きる私たち日本人の使命なのではないかと考えます。

私は、まず我々が行うべきことは、価値観を目に見えるものから目に見えないものにシフトさせることです。言い換えれば、俗世的な金、物、名誉などではなく、心の豊かさを求めて行動することです。その心の豊かさとは何かといえば、人のお役に立てるような利他の行動に、心からの喜びや高揚感、ワクワクを感じることに他なりません。

潜在意識の根底にある仏性と繫がる魂が、真に求めるものは、お金や名誉ではありません。魂は、真に愛し、愛されることで、つまり、利他の行為を実践することで喜び、元気になっていきます。利他の実践は、個人の健康のみならず、健全で暖かい社会の育成にもつながります。暖かく、愛にあふれた社会が形成されていけば、個人の魂の成長・進化はさらに促進され、心身の健康も格段に向上していくことでしょう。

皆の意識が少しずつ変わり始め、利他、愛に気づく人が増え、他人への奉仕、気遣いといった態度が尊重されるようになると、人心の荒廃、環境の悪化といった深刻な問題も、必ずよい方向に向かい始めるでしょう。日本人にとっては決して難しいことではないはずです。

今、私たちに必要なことは、大自然、ひいては宇宙につながっていた古来の生き方を思い出すことです。太古の昔より、日本人が大切にしてきたのは、協調性や分かち合いの精神でした。そして、縄文時代は、力による征服や支配のない争いのない世界でした。そこでは、目に見えない心の喜びが尊重され、人々は、恐れとはほとんど無縁であり、深い満足感や安心感に満たされていたのです。

宇宙に在るのは、単に作用と反作用、ないしはプラスとマイナスにすぎません。どちらにも本来良い悪いはありません。両者あってこそエネルギーが流れるのであり、どちらも宇宙の活力の根源と言ってもよいでしょう。その二極に善悪という意味付けを行ったのは、人類の意識にすぎません。

宇宙にネガティブなことがないのだとすれば、縄文の文明や精神が破壊され、物質文明が極まっていく過程は、日本人にとっても人類にとっても、悪いことではなく、単に経験を重ね、意識の幅を広げ、その深みを増していくための不可欠な過程であったということになります。個々の人生においても、困難、苦難、試練は、魂の目覚めや成長・進化の機会です。この人生における真理は、危機に瀕した地球に生きる今の人類にとってもまったく同じことでしょう。

これまでのすべての経験を生かすためにも、人類はこの先もしっかりと生き抜いていかなければなりません。そのためにはいまこそ価値観の転換が必要なのです。すなわち、目に見えるものから、目に見えないものへの価値観の転換です。

私たちは、明日の命など全く保障されていないことを、今一度肝に銘じましょう。死んだら、この世で目に見えるものは何も意味はなくなるのです。

その一方で、目に見えない心の豊かさは、自らの魂を磨き、肉体が滅びても何らかの形で連綿と残っていきます。日々、この一瞬一瞬に利他の実践を続けることが、「後悔を残さない、生き切る」ということです。そして一日一日を大切に、後悔を残さず生きていく姿勢が、穏やかな死の受け入れにも繋がっていきます。

死が間近になった患者さんが抱く感情で、最も多いのは「やりたいことをやっておけばよかった」という後悔です。しかし、その後悔は、実は、本来明日をも知れぬ身であるはずの私たちが、今のこの一瞬に感ずべきことのはずです。

先のことを心配しすぎたり、周りに気兼ねして、自分が本来行いたいことを我慢する生き方は、あとあと後悔を残すことになりかねません。

人の考えを変えることは難しいですが、自分を変えることなら出来るはずです。まず、自分が愛・利他に基づいて行動し、自分を生かす大自然に、そしてこれまで命をつないでくれた先祖に感謝を捧げ、自然との調和を目指すことです。もちろん、愛と調和の心に溢れた人々が暮らす、この美しい国、日本に生まれたことへの感謝も忘れてはならないでしょう。

分かち合いと感謝の心で行動する人が増えれば、周りが変わり、地域そして必ずや社会も変わることでしょう。

なにより大切なことは、自分がワクワクし、他人も喜んでくれることは何かをもう一度考えてみること、もし思いついたら俗世のしがらみなど気にせず思い切って実践することです。かけがえのない我が人生を、喜びと共に思い切り生き抜くことができれば、誰もが輝けるのです。良く生きることイコール良く死ぬことです。充実した人生を過ごすことができれば、いざという時も後悔なく潔く旅立てることでしょう。そんな人生を多くの人が送れるようになったら、必ずや、現世の涅槃が実現されることと思います。

日本に、そして世界に、希望に満ちた未来が訪れることを、私は心より願っています。

生きることの本来の意味・人間の使命（肉体での学び）

——矢作 直樹

拙著『人は死なない』（バジリコ）などの著作を通じ、人の生命の不思議さから、創造主の天壌無窮の「摂理」の一端について述べてまいりました。この「摂理」を理解することで、人がこの世での使命を知り、高次元と繫がり、大いなる安堵と幸福が得られることに気づいてもらえればと願ってのことでした。

さて、拙著で述べた「摂理」ですが、具体的には中今を意識することで感じ取れるのではないかと思います。一生懸命に考えたあげく今に意識を集中することで高次元世界と繫がり、どうしたらよいかということがイメージとして感じられるのではないでしょうか。

さて、ここで「摂理」や他界の理解のもとになる高次元世界について述べます。

湯川秀樹博士が晩年に提唱された多次元世界を説明する「素領域理論」について述べます。初めに完全調和の世界があります。これを神の世界とします（図1）。図ではなにもないようにみえます。この完全調和の世界にさまざまな次元の広がりを持つ泡のような素領域（3次元あるいはそれ以上の次元の泡、2次元の面や1次元の紐など）ができました（図2）。この泡・平面あるいは紐の数については確率論のポアソン分布

図1

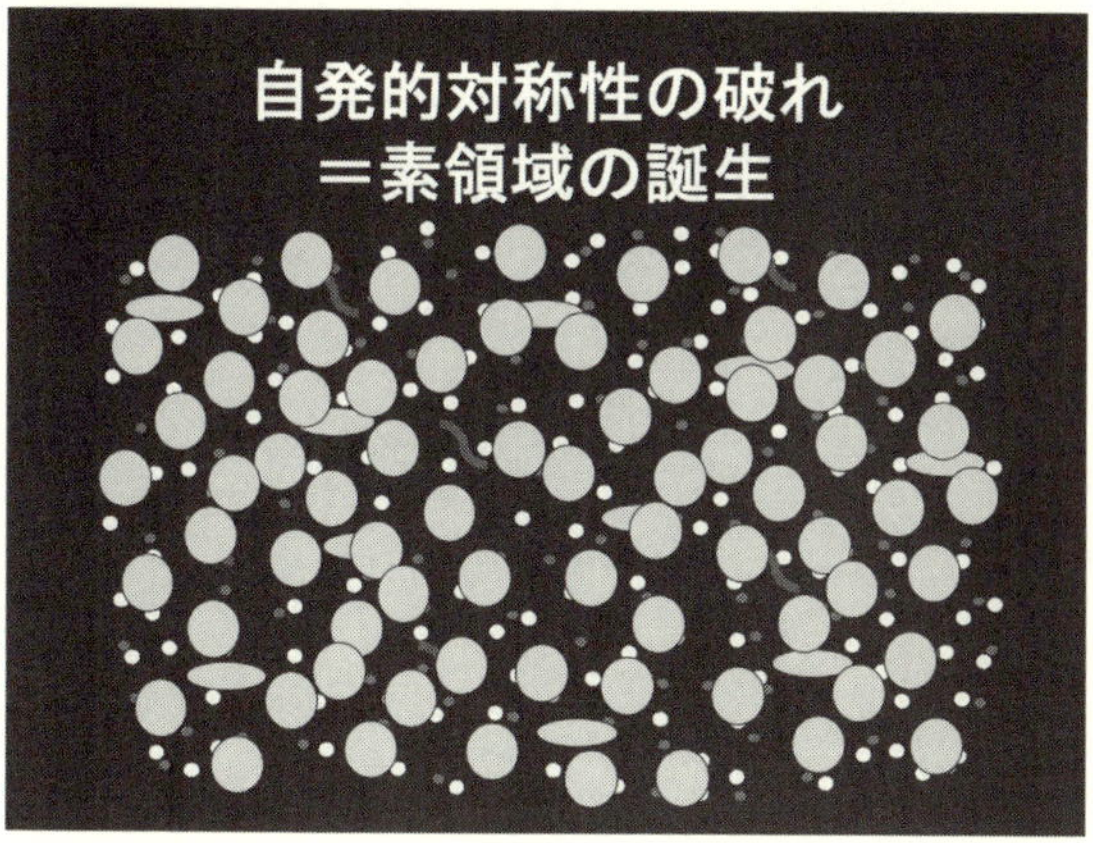

図2

の性質で決まるために特に3次元の泡が最も多く発生しました。これら素領域はちょうど完全調和の世界をサイダーに、泡・平面あるいは紐のような泡がサイダーをゆすったときに一気に生じる泡と例えるとイメージしやすいのではないでしょうか。

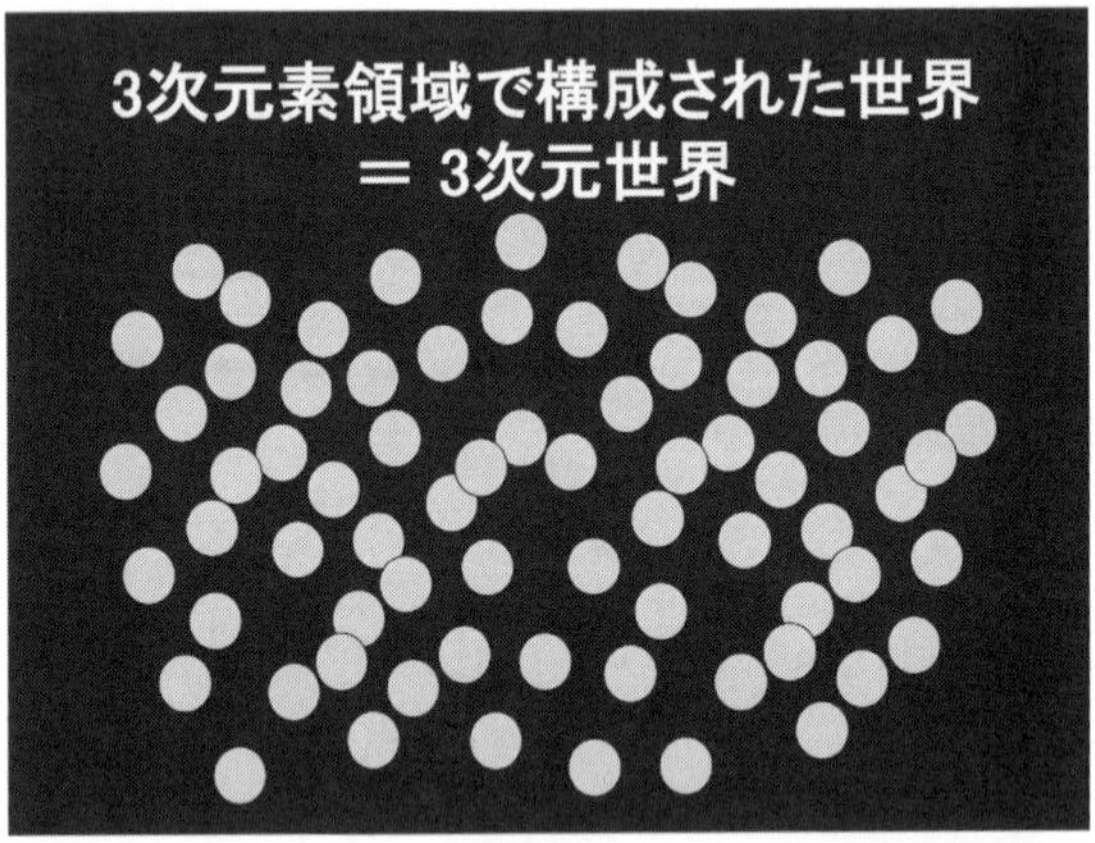

図3

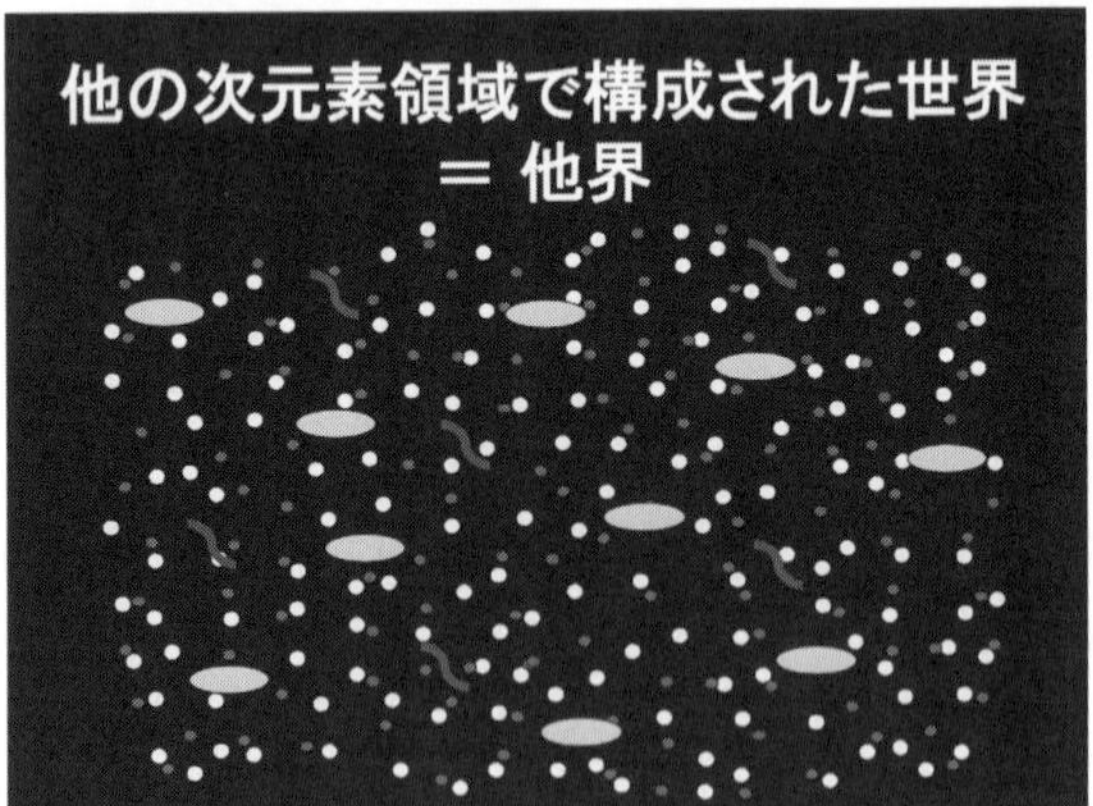

図4

この素領域には様々な次元の広がりと大きさがあり、最も数の多い3次元の素領域だけで構成される世界が3次元世界です（図3）。それよりずっと少なく、高次元の広がりを持つ素領域で構成される世界が高次元世界です。この高次元世界は構成する素領域の広がりが持つ次元により4次元、5次元、6次元……というように各々次元を構成します。また面のような2次元の素領域で構成される2次元世界や紐のような1次元の素領域で構成される1次元世界もできました（図4）。

この泡・平面あるいは紐以外のところはそのまま完全調和の世界です。図で背景の黒色の部分で最も高次元の存在です。

私たちは肉体を脱ぐと、意識はそのまま高次元世界にシフトします。正確にはもともと意識は3次元世界と同時に高次元世界にも存在しているのですがふだんは肉体に引っ張られて意識も3次元に向いています。ただ、ひらめき・天啓・インスピレーションを得たと言われる状況は意識が高次元にも合わせているのです。

すべての存在は意識の進化を通じて真如に貢献します。

身体・心・魂の存在、輪廻転生

先に述べた「素領域理論」をもとに、肉体は3次元世界に存在し、意識（魂）は3次元のみならず高次元にも同時に存在しています。

この世での人生を、コンピュータを内蔵した着ぐるみを着る人にたとえてみます。

——人がこの世に生を受けるとは、電源（ここでは〝生気〟をこのように表現します）をもった人である〝魂〟がコンピュータを内蔵した着ぐるみ（肉体）を着て、シルバーコードという絆（日本人は古来これを〝玉の緒〟と呼んできました）で着ぐるみと繋がり、着ぐるみに電気をいれた状態になることです。着ぐるみと内蔵コンピュータとを動かす電気は、シルバーコードを介して〝魂〟から流れてきます。この〝魂〟は、着ぐるみをメンテナンスし、電気をつけ、コンピュータを操作する人です。

コンピュータは〝脳（肉体の一部）〟そのもので、着ぐるみが〝肉体〟、そして操作する〝魂〟がコンピュータを動かすことにより行われる仕事が〝精神活動〟、その〝精神活動〟の状態を表すのが〝意識・無意識〟、その結果できるコンテンツが〝記憶〟と言えます。この〝記憶〟は操作する〝魂〟にも同時に記憶されます。なお、非常に多義的にとらえられている〝心〟ですが、着ぐるみを着て〝魂〟がコンピュータを動かし〝精神活動〟をする機能と定義できるかもしれません。

ここで注意してほしいのは、操作する人にあたる〝魂の脳機能（実際に脳があるわけではありません）〟は、着ぐるみを着てコンピュータ（肉体の脳）を動かすときに比べて、全ての面ではるかに性能がよいのです。ところが、この世という学習の場に登場するにあたって、着ぐるみを着てこの性能の劣る内蔵コンピュータを動かさないといけないという手枷足枷を課せられます。〝魂〟自身は、他の〝魂〟や〝霊〟と交感でき、お互いの姿が見え、声が聴こえ、自由に空間を移動できますが、着ぐるみをまとうとそれらの能力は封じられてしまいます。まれに着ぐるみを着ても、それにより機能が落ちずに〝魂〟の能力が残った人が霊視・霊聴・霊知・霊感などの能力（いわゆる霊力）のある人です。

コンピュータ内蔵着ぐるみは、それだけでは動きません。電源を入れて動かすのは〝魂〟です。いわゆる体外離脱（幽体離脱）とは、この着ぐるみをメンテナンスする〝魂〟がシルバーコードを切らずに一時着ぐるみを脱いでいる状態です。そして、死とはこの〝魂〟がシルバーコードを切って（当然電気は止まります）着ぐるみを脱ぎ捨ててしまった状態と例えられます。

〝魂〟は、体外離脱すると、この世は言うに及ばず、場合により他の世界にも行くことができ、その究極が神人合一の境地になるのでしょう。また、体外離脱すると頭の働きは本来の〝魂〟として、短い時間にたくさんの思考ができます。玉の緒が切れて、着ぐるみをメンテナンスする〝魂〟が離れてしまった着ぐるみ（死んだ肉体）は朽ちて行きます。

この世の科学では、コンピュータとその動き、そしてその結果について、すなわち脳、意識、そして記憶を調べていますが、それを動かしている〝真体（魂）〟の存在を前提にいれていないので、〝なぜ〟コンピュータが動く（精神活動が営まれる）のかという点についてはわからないと思います。

ふつうは生まれてくるときから3歳くらいまでに人はかつての記憶を忘れるようです。人によっては過去生記憶や既視体験をはっきりお持ちの方もいらっしゃるかと思います。輪廻を通じて意識の進化を続けていくわけです。

濁川 孝志

〈前提〉

矢作先生、長堀先生の格調高い議論に、私ごときがコメントを挟むというのは大変僭越であることは重々承知しております。しかしお二人の泰斗とは異なり、本書での議論に関して私は浅学の一市民ですので、私の視点こそ本書の一般的読者の視点に近いのではないかと思うのです。それを前提にお二人の議論に参加させて頂くことで、少しでも読者の理解が深まることを願い、蛇足の誹りも顧みず私の考えを各章ごとに述べ、本書の議論に参加させて頂こうと思います。

第1章（まとめ）

1章では「人間とは何か」というやや壮大なテーマを掲げ、人間の本来の使命、生まれてきた意味、生きることの意味などに関して語って頂きました。本書の目的は、先にも述べたように、この混迷する世界にあって日本人が何をなすべきか、つまり世界調和という究極の目的のために、日本の役割や日本人の役割を考えるというものでした。しかし、もし仮に人間の本質が今生だけの存在であり、死んだら無に帰するものであれば、この様な議論そのものが無意味です。矢作先生も『人は死なない』で語っていますが、死んで全てが無になるのであれば、人はどう生きようが、日本や世界がどうなろうが、それは大した問題ではなく、人は刹那的にその一瞬の享楽に興じ、この人生を謳歌すれば良いことになります。生きることが苦しいなら簡単に死ねば良いことになります。たとえ凶悪な罪を犯しても、死んだら全てがご破算。その瞬間に、自分という存在も、この世界も無くなるわけですから、生前の思考や行動など何の意味も持たないわけです。仮に残された人々に影響を及ぼしたとしても、所詮彼らが死ぬまでの話です。死んで無に帰するなら大した問題ではない。しかし真実は、どうやらそんなに単純ではないようです。

ここで明らかになったのは、我々人間の本質は魂であるという事実です。肉体は魂が纏った着ぐるみに過ぎません。そしてその魂は、輪廻を繰り返しながら成長を志向する存在のようです。矢作先生はそれを、「すべての存在は意識の進化を通じて真如に貢献する」と表現されました。この考えはこれまで世界中の多くの宗教が説明し、最近では〃スピリチュアル〟という括りの下に言及されてきたことですが、量子論や素領域理論という科学的視点をベースに、このような説明がなされることに大きな意義があると思います。長堀先生が援用された「二重スリット実験」から導いた仮説は、意識が物質を形作り、更に意識が現実を生み出すという大胆なものでした。これは、我々の〝想い〟がいかに重要かを指摘します。これと同様のことを主張する人がいます。映画『地球交響曲（ガイアシンフォニー）』を撮った映画監督の龍村仁氏です。彼は、以下のように述べています。

もし母なる星、地球＝ガイアが、本当に一つの生き物であるとするなら、私たち人類はその心、すなわち想像力を担っている存在なのかも知れません。だとすれば、今この地球に生きている私たち一人ひとりが地球の未来にどんな姿を描くかによって、未来の現実そのものが決まってくるのではないでしょうか。（ガイアシンフォニー第1番）

余談になりますが、ガイアシンフォニーというのはイギリスの生物物理学者ジェームズ・ラブロックのガイア理論、すなわち「地球そのものが一つの生命体で意思をもって生きている」という考えをベースに作られた映画で、環境問題や人間の精神性に関心を寄せる人たちのバイブル的存在となっており、これまでに250万人に上る観客動員を誇るロングランのヒット作です。市民団体やボランティアによる自主上映に支えられながら、四半世紀以上も続いているのですから実に不思議な映画です。

今我々が解っている科学的事実など宇宙の摂理のほんの一端に過ぎないのでしょう。宇宙の始まりをビッグバンで説明しても、では何故ビッグバンが起こったかという理由について、現代科学は何も語ることができません。が、それでも科学的根拠を妄信する現代人にとっては、このように科学の枠組みの中で説明されることはとても重要です。それによって、安心して霊性や他界、魂や輪廻を前提とした議論ができるわけです。そして我々が、本書で掲げたテーマについて議論することにも、それなりの意義を見出せるわけです。なぜなら、矢作先生も言われるようにその様な営みを通じて我々は成長し真如に貢献できるわけですから。そして詰まるところ長堀先生が言われているように、我々が縄文人の心を取り戻し霊性に根差した愛ある生き方を目指せば、その先に〝調和の世界〟が形成されるのかも知れません。意識が現実を創るのですから。

それにしても日本人初のノーベル賞受賞者である湯川秀樹博士が、素領域理論で〝宇宙の在り様〟に言及されていたというのは素直に驚きです。しかもそこで語られている内容が、現世や来世をも含む多次元世界（高次元世界）に通じていようとは。やはり湯川先生も、素粒子の世界を極める過程で宇宙の摂理を垣間見たのではないでしょうか。そしてこれは単に私の感想に過ぎませんが、矢作先生が示された多次元で構成される素領域の世界（図4・36頁）は、ハッブル宇宙望遠鏡が見せた宇宙の在り様、銀河の数々にそっくりです。やはり真理

ハッブル超深宇宙探査（Hubble Ultra Deep Field）
（Credit: NASA; ESA; G. Illingworth, D. Magee, and P. Oesch, University of California, Santa Cruz; R. Bouwens, Leiden University; and the HUDF09 Team）

は一つなのかも知れません。

ただお二人の議論の中で、浅学の私には少し理解しづらい部分がありました。それは、我々のこの宇宙の在り様に関するお話です。矢作先生が言われていますが、宇宙には元々〝絶対調和〟があったそうです。いかに神様が退屈したとはいえ、何故それを敢えて壊す必要があったのだろうか。そして、長堀先生も似たようなことを言われます。すなわち、宇宙には善悪は無く、在るのは単に作用と反作用、ないしはプラスとマイナスのエネルギーに過ぎないと。それに、善悪という意味をつけるのは人間の意識に過ぎないと。善悪が無いとすれば、理不尽な犯罪を私のような凡人はどう解釈すれば良いのでしょうか。社会に存在する不正を、どう解釈すれば良いのでしょうか。

これは私なりの理解で間違っているかも知れませせが、神様の愛はとても深く、敢えて宇宙の調和を壊してまでも、我々の魂に成長の機会を与えるため、困難や試練を与えてくれているのでしょうか。それを我々の未熟な意識は、時に善や悪と解釈しているだけなのでしょうか。だとすれば、我々の意識を愛ある方向に変えれば、物の見え方も優しい方向へ変わるのかも知れません。そして、周囲で起こる現象そのものが和やかな方向へ変って行くのかも知れません。結局それを学ぶために、我々はこの世界に来ているのかも知れません。

第2章　日本とはどんな国か

日本人の使命とは

長堀　優

筑波大学名誉教授で遺伝子学者の村上和雄博士は、「自分にしか出来ないことが出来ると人は生き生きとしてくる。日本人にしか出来ないこと、それは東洋の精神文明と西洋の科学技術の調和である」と述べています。

これまでとかく日本は、「東洋なのか西洋なのか分からない」「どっちつかず」などと言われがちでした。しかし、東洋的な祈りを捧げる情緒を備え、西洋科学技術を我が物とする知性を持ち併せているのが日本人であり、そのどちらにも精通していることこそが我々日本人の特性なのです。東洋と西洋を結ぶ架け橋といってもよいでしょう。

21世紀に入り、自然科学領域のノーベル賞日本人受賞者は、ヨーロッパ諸国を凌駕する勢いですが、ここで、湯川秀樹博士以来、ノーベル物理学賞を受賞された日本人学者について見てみましょう。

2014年に青色発光ダイオードで3人の日本人が受賞されましたが、それまでは、湯川秀樹博士、朝永振一郎博士、江崎玲於奈博士、小柴昌俊博士、小林誠博士、益川敏英博士に元日本国籍の南部陽一郎博士を加えた7名でした。

各博士の業績をじっくりと拝見すると、素粒子論の基礎を築かれた湯川、朝永両博士以降、素粒子のトンネル効果を発見した江崎博士、ニュートリノ発見に貢献された小柴博士、超ひも理論を唱えた南部博士、クォークが6つであることを予言した小林、益川両博士のいずれもが、素粒子論、量子力学を専門にされていることがわかります。

私は、この量子力学の領域で多くの日本人が大きな業績を残していることは偶然ではないと考えています。それはなぜでしょうか、順を追ってお話していきましょう。

先ほども申し上げましたように、量子力学では、素粒子は、光のようなエネルギー体としての性質と、物質である粒子としての性質の二重性を持っていると説きます。この考えは、機械的唯物論（目に見える物質のみならず、想念や心も、物質に起因するとの考え）に基づいて、素粒子は物質と考えてきた古典的物理学の常識を、根底から覆してしまいました。

素粒子はエネルギーでもあり、物質でもある、と説明する量子論の二重性原理は、従来の物理学の法則では理解が不可能です。しかし、この理論を理解する鍵は、東洋哲学で説かれる一元論の世界でした。

詳しくは、拙著『見えない世界の科学が医療を変える』に譲りますが、東洋哲学では、「色即是空　空即是色（色：目に見える世界も、空：目に見えない世界も一元である、般若心経の一節）」と説かれているように、目に見えないエネルギーも、目に見える物質も渾然一体である、と考えてきたのです。

量子力学の三巨頭、ボーア、ハイゼンベルク、シュレジンガーは、自身の理論構築に当たり、それぞれ、易経、インドの詩人タゴール、ヒンドゥー教経典ヴェーダに啓示を得たことを明らかにしています。おそらくは、これらの東洋哲学が説く一元論的な世界観が、量子力学における二重性原理となって生かされたのでしょう。そう考えれば、エネルギーと粒子が一元となる量子真空の概念と、般若心経の説く「色即是空　空即是色」の世界が驚くほど似ていることも、決して意外なことではありません。

まさに、量子力学は、西洋と東洋をつなぐ架け橋と言うことが出来るでしょう。

いかがでしょうか、この話は、村上和雄博士が語るところの、西洋と東洋の架け橋たる日本人の姿と、じつによく似ているのではないでしょうか。

東洋哲学と西洋科学の統合の産物ともいえる量子力学の分野において、日本人学者が、数々の大きな業績を挙げているのは、決して偶然ではなく、東洋と西洋を結びつけるべく宿命づけられた日本人のＤＮＡに、深く刻み込まれた能力のなせる業だと私は考えています。

自己主張に乏しい日本人は、とかく誤解されがちで、ときに「何を考えているのか分からない」と批判もされてきました。その特性は、もちろん欠点にもなり得るのですが、半面、我慢強く、譲り合いや協調精神に富むという美徳をも生み出しています。この日本人に独特な資質は、この先の、世界の調和を導くうえで、欠かせないものになるはずです。

武士道といふは死ぬことと見つけたり　～生死《しょうじ》一如《いちにょ》～

武士道精神は、世界に誇るべき我が国独自の文化です。その精神を支える根幹の一つは、「武士道といふは死ぬことと見つけたり」という葉隠の一節です。

私は外科医として、がんの治療や救急医療に携わってまいりましたが、武士道と外科治療学は、刀とメスという刃物を通して生と死をみつめる、という点で重なり合うと感じてきました。しかし、西洋医学が考える「死」と、武士道が見据える「死」は明らかに違います。

では、西洋医学が説く死について考えてみましょう。

西洋医学では、死を敗北と捉えます。その原因は、従来の西洋医学を支えてきた大きな二本柱、二元論と唯物論にあります。

二元論では、物事を、善悪のように相反する対極の二つに分けて捉えます。また、唯物論では、心も精神も含め、森羅万象すべては物質に起因すると考えます。

この原理からすれば、病気は二元論的には悪、死は唯物論的には肉体という物質の消滅、ということになります。そして、死は敗北でもあります。ですから、必ず死ぬ運命にある人間は、西洋医学では敗北して命を終え、死後は一切消滅することになるわけです。

私も、学生時代からそのように教えられ、疑いを持つことはありませんでした。しかし、臨床経験を積むにつれ、私は、望ましいものではないはずの病気になってよかったという患者さんや、がんに罹り、死を前にしてなお、明るく前向きに振る舞う患者さんがいることに気づきました。なぜ、死を間近にして、これほど穏やかに過ごせるのだろうか、私は当惑しました。このような体験を通じて、学びを深めるうちに、出会ったのが、東洋哲学の世界であったのです。

日蓮上人は、「先ず臨終のことを習うて後に他事を習うべし」と教えています。

西洋医学では、死は敗北ですが、東洋哲学では、誰もが避けることのできない死と、先ず向き合うことを説くのです。

生を受けた以上、避けることの出来ない運命である死と向き合うことは、苦しいことには違いありません。しかし、この死をとことん見つめ受け入れることが出来れば、つらい悲しみのどん底から大どんでん返しが起こるのです。底を打てば、後は反転して昇るしかない、これはどの世界でも一緒です。

つまり、今この瞬間に命を与えられ生きていることは当たり前ではないということに気づき、生かされていることへのありがたさや、深く感謝する気持ちが生じてくるのです。

あの東日本大震災や熊本、さらには2018年の大阪、北海道での地震など、相次ぐ過酷な天災を通じ、私たちは、自分たちが明日をも知れぬ身であることを思い知らされました。今、このように生きていることは決して当たり前ではなく、まさに奇跡です。そして、無事に生かされていることは、本来感謝すべきことなのです。

このように、この一瞬に生かされていることのありがたさに気づくことができれば、かけがえのない今のこの時を充実させ、悔いなく生きようという強い力が湧いてきます。

まさしく、死を見つめれば生が輝くのです。これが生死一如《しょうじいちにょ》の説く精神です。

今の一瞬に思いを集めれば、この一瞬は、病気があろうとなかろうと誰にも平等に与えられていることに気が付きます。そして、今に意識が集中することができれば、過去の後悔や、未来の不安から、自然と思いが離れ、何ものにも代えがたい現在という時間を、精一杯生き切ることができるようになるのです。

この教えは、仏教では、道元禅師の「前後際断（過去、未来から思いを離せ）」という言葉で、また、神道では「中今（なかいま：現在に思いを集中すれば、過去や未来への思い煩いから離れる）」という言葉で端的に示されています。

私が出会った患者さんのなかには、死の恐怖と直面する極限状況のなか、とことん死と向き合い、そして受け入れ、現在の一瞬に生かされている奇跡に気づかれた方がいたのです。そして、ありがたいことに、この一瞬に生きることの大切さを、私に教えてくれました。

東洋には、人間万事塞翁が馬、という言葉も残されています。西洋では、善悪をきっぱり二つに分けますが、東洋では、善と悪は分けることはできない、時に応じ互いに移り変わりうるものと考えます。善悪不二（ぜんあくふに：ふたつならず）と呼ばれるこの思想も、病気に対する見方を変えてくれるはずです。

病気になってから、ストレスに溢れた生き方を変え、家族との時間を大切にするようになった、病気になってよかった、と語る患者さんたちの生き方は、まさに善悪不二の教えをそのまま実践されているといえるでしょう。残念ながら、西洋医学ほぼ一辺倒の今の日本の医学教育では、このような深い東洋哲学を医学生が学ぶことはありません。

生死一如という一元論、つまり、生死は渾然一体であり、一切のものは無常である、と解する東洋的思想を受け入れることができれば、あの世へ持っていけない俗世的な物質や金は意味をなさないことに思いが至り、物質への執着は自然と消えていきます。

もとより物質は有限であるのに対し、目に見えない世界は無限です。物欲から離れ、目に見えるけれど限りある物質より、目には見えないけれど、無尽蔵である心の豊かさを追い求めれば、人間は美しく生きることが出来ます。有限である物質を探し求めれば争いが生じますが、目に見えない世界での満足感を望めば、みなが幸せになれるのです。

では、この心境に達したうえで追い求める心の豊かさ、満足感とはなんでしょうか。それは現世での名誉や物質欲ではなく、他人の幸せのために尽くす利他の志に他なりません。

エゴを超えた利他の行為こそは、潜在意識の根底にある仏性《ぶっしょう》、慈悲心により引き起こされる気高い振る舞いです。人は、人の役に立ち、感謝され、必要とされることに最も喜びを感じ、偉大な力を発揮するのです。

武士道といふは死ぬことと見つけたり、この考えを大切にした武士は、人民を第一に考え、部下を救うためであれば潔く責任を取り、腹を切ることもためらいませんでした。この武士道精神を支えるものが、まさに利他の心なのです。

そして、人民に慈悲の手を差し伸べるために、武士たちは、武道の鍛錬のみならず、学問を熱心に修め、教養を深め、人格を高めていったのです。

人に優しい国は、勇気ある人によって守られる、このことを武士はよく理解していました。

武士道精神に基づき、かつてのサムライたちが興した江戸の町は、分かち合いの心と調和に溢れた社会の実現であり、幕末から維新にかけて日本を訪れたエドワード・モース（大森貝塚を発掘した動物学者）、ヘンリー・ヒュースケン（初代アメリカ総領事ハリスの通訳）などの外国人たちを感嘆させているのです。江戸こそは、武士道精神がＤＮＡに刻み込まれた日本人が、真に追い求める「現世の涅槃」そのものと言えるでしょう。

余談になりますが、明治維新をおこす要因のひとつにあげられているのが、貨幣経済の発展です。金銭を追い求めることは武士の究極の目的ではなかっただけに、貨幣経済の進展とともに豊かになった商人との力関係が逆転し、武家社会崩壊の一因となったといわれます。その行く末が現在の拝金主義の物質文明社会です。私たちは、物、金が人間の幸せにつながらないことを思い知らされました。いまこそ、物、金からはなれ、かつての高邁《こうまい》な武士道精神を見直す時期なのではないでしょうか。

戦後の日本が失ったものは数限りないのですが、国に対する誇り、そして国を守るという強い意志も、その中に含まれることでしょう。

もっとも、侍たちによる武家政治が続いたのは、日本の歴史の中では、鎌倉から江戸に至るほんの一時期にすぎません。しかし、武士道の根底に流れる精神は、日本人が古代から一貫して大切に育んできた霊性であり、天皇家と国民の間に存在する慈しみと相互信頼に基づいた強い絆が、この霊性を今に至るまで支えてきたとも言えるでしょう。

天皇と日本人

矢作 直樹

日本人にとって天皇陛下は、2600年余にわたってわが国を、そして日本人を形作るのに欠かせない「扇の要」のような存在でした。

古事記に記された「国譲り」の物語の中で、高天原におわす天照大御神《あまてらすおおみかみ》と高木神《たかぎのかみ》（造化三神のうち、2番目にお生まれになった高御産巣日神《たかみむすひのかみ》の別名）との命を受けた使者の建御雷神《たけみかづちのかみ》が、須佐之男命《すさのおのみこと》の子孫であり、地上界の支配者でもあった大国主神《おおくにぬしのかみ》に告げました。

「汝のうしはける（支配している領国）葦原中国《あしはらのなかつくに》は、我が御子（皇孫）のしらす（民のこころを知り、高天原すなわち神の心とつながり、その心を民と分かち合ってよい国をつくっていくことを実践する）ところの国である、とおっしゃっています」

これを聞いた大国主神は子どもたちからも意見を聞き、それまで自分が治めていた国を皇孫に譲り渡すことにしました。その後、天から皇孫が地上に降臨されました。

日本における天皇統治の原型は、すでにこの時に表れたのです。天皇は最高権威として祭事を執り行い、権力を行使する直接政治には携わられない。そして権威と権力は分離していながら一体のものとして機能している、という姿です。

ここで、歴史の概略を通覧して我が国の統治のかたちを考えてみたいと思います。この図をもとに述べてみます。

神武天皇以来、国の体制ができる大和、

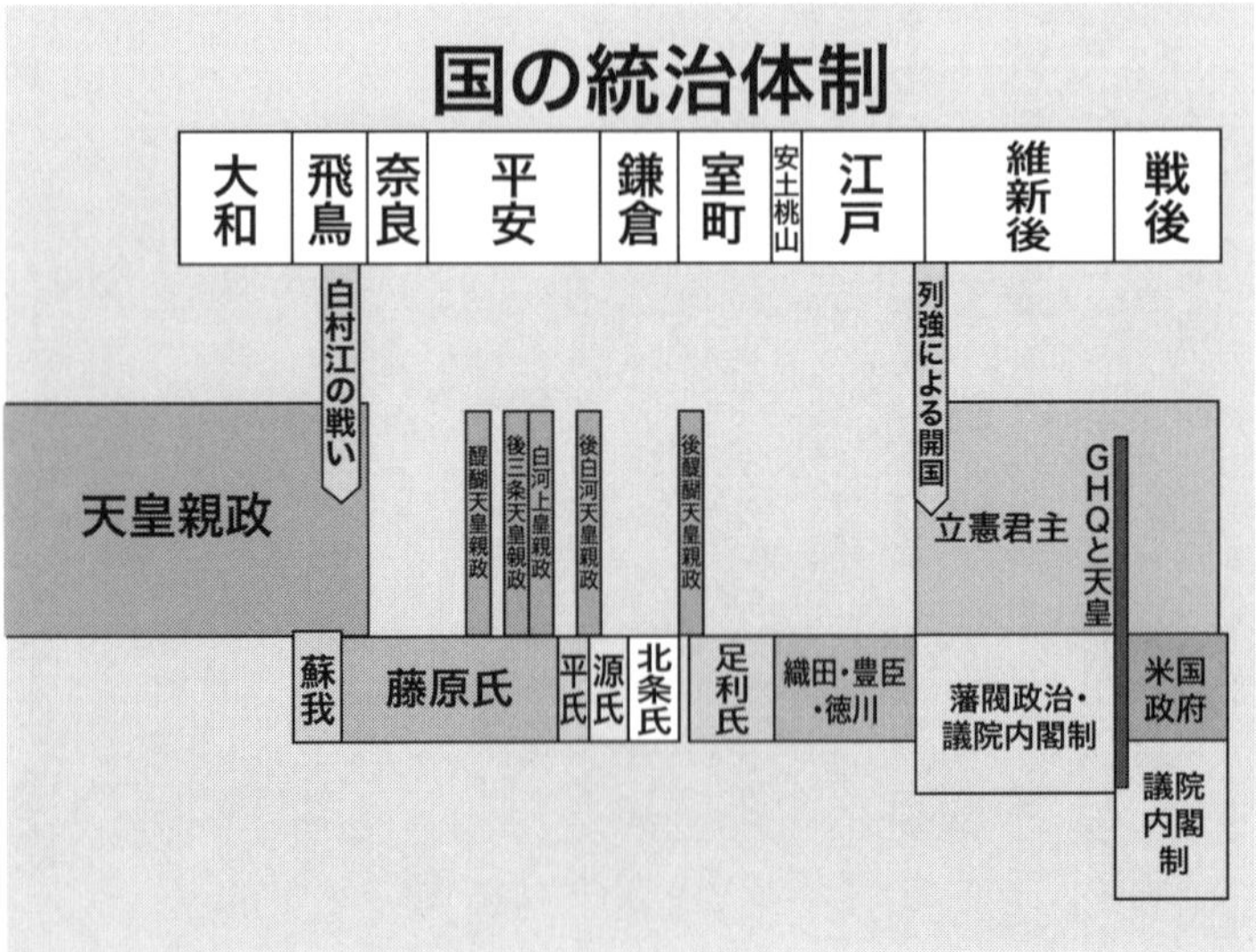

飛鳥時代までは天皇御自ら先頭に立って国を創ってこられました。飛鳥時代になって蘇我氏や物部氏などの天皇の補佐役の力が強くなって行き、その後藤原氏がとって代わって行き、平安時代には摂関政治が確立して政《まつりごと》を担いました。

古より天皇は国民と神々との仲取り持ちとして国民に寄り添う大御心を持ち続けられてきました。そして、徳政を説かれ率先して倹約生活を実践されました。

さらに武家が貴族に代わり政権を担いました。ところが桓武天皇の御末の伊勢平氏や北条氏、清和天皇の御末の河内源氏やその流れをくむ足利氏も、彼らの先祖である天皇の大御心からまったくかけ離れてしまい、その繁栄も長くは続きませんでした。やはり、臣籍降下とその後の下野での生活の中で、心持がこのようにまで落ちてしまうことに驚きを禁じ得ません。

摂関政治にせよ、武家政治にせよ彼らが極端に理不尽な政に走ったときには、天皇あるいは上皇御自らが親政を敷かれることで政を中道に戻されてこられました。

なお、もと皇族の武士らの心得違いについては困ったものでした。足利尊氏に至ってはこともあろうに後醍醐天皇に反旗を翻して挙兵までしました。結局南北朝が60年続き、室町時代は文化的にはそれなりに成熟したものの、政は混乱を繰り返しました。

その後、戦国時代を経てそれまでの武家たちとは出自の趣が異なる（出自が判然としない）徳川家が長く政権を維持しました。この江戸時代は、その前半、理知的に権威と権力とを分離することで安定した政治体制を確立し平和な時代を現出しました。後半は財政の悪化、学問の隆盛や諸外国の来航とともに徐々に天皇が国民の要としての認識が強まっていきました。

また思想的な面では、飛鳥時代・奈良時代から平安時代には神仏習合が行われ、江戸時代にはさらに儒教（実際の伝来は6世紀）も盛んになり、精神的・思想的な土台となっていましたし、平和な時代の武士の生活規範として、武士道というものも体系化されました。

そしていずれの時代にも、最高権威である天皇は、親政を敷かれるとき以外は実質的な象徴天皇としておわしたのです。

王朝が替わるたびに前王朝の痕跡を残らず抹消してきた大陸の歴史とは、まったく逆です。これこそ、天皇が絶大な畏敬の対象であり、それゆえに扇の要であったことの証です。

近代以前は、一般民衆が天皇に会う機会がなかったので国民にとって天皇は遠い存在であった面は否定できないでしょう。ですが、天皇は古来国民のことを気にかけてこられました。それを過去の天皇の詔《みことのり》にみることができます。

まず天皇は元旦の四方拝で、わが国に災厄が起こるときにまずわが身を通してください、と祈っていらっしゃいました。そして、災厄が実際に起こったときには賑恤《しんじゅつ》（賑わせ助ける）の詔《みことのり》を出されて困窮者に救いの手を差し伸べてこられました。また、「民は国の本なり」ということで年穀の豊稔を祈る宣命《せんみょう》、雨を祈る宣命、疫病の終息を祈る宣命も出してこられました。いくつかみてまいりましょう。

仁徳天皇《にんとくてんのう》（第16代）は、有名な『百姓《おおみたから》の窮乏を察し群臣に下し給える詔』で、高台に登られ遠くを望まれたときに巷に烟《けむり》がたっていないのをご覧になられ、民が貧しくて煮炊きするものがないことを知られ、『三年の間課役を除き給うの詔』により民をやすまされ、三年後『百姓の富めるを喜び給うの詔』で「私は富んだ」とおっしゃられました。怪訝《けげん》に思われた皇后がそれに応えて「どこが富んでいるのですか」。天皇「烟が国に満ちて民が富んだではないか」。皇后さらに「宮垣は壊れても修理もできず、殿屋《おおとの》は破れて中に露がつくような状況ではないでしょうか」。天皇はさらに「天《あめ》の君を立てるのは民のためである。しからば天の君は民をもって本《もと》となす。これをもって古の君は民が一人でも飢えたり寒《こご》えたりすれば自身を責めた。今民が貧しいなら私が貧しいのである。民が富めば私が富んでいるのである」とお答えになられました（仁徳天皇7年4月1日）。

聖武《しょうむ》天皇（第45代）は、神亀《じんき》3（726）年6月14日の『医薬下賜の詔』で、「病にかかり、長らく癒えない、或いは重病を得て昼夜苦しんでいるものたちがあると聞いている。私は民の父母である。どうして彼らに憐憫の情をかけずにおられようか。京の都の左京、右京をはじめ畿内4カ国、六道《りくどう》諸国に医師を遣わせて、このような病人たちを救い治療して、安心させ、病の軽重により穀物を与えて賑わしねぎらうようにせよ。諸役人はこのところを心して私の意に添う様に」と宣《のたま》わられています。

天平年間は、災厄や疫病が多発したために仏教に帰依された聖武天皇は、天平4（732）年7月5日にも『祈雨恩赦の詔』、天平6年7月12日にも『天変地異あるにより天下に大赦し給うの詔』、天平7年5月23日にも『災異により恩赦賑恤し給うの勅』、同年11月17日には『災変疫病により恩赦賑恤し給うの詔』、天平8年7月14日には『太上天皇御不豫《ごふよ》（病気）に付百姓を賑恤し給うの詔』を給われています。

桓武《かんむ》天皇（第50代）は、延暦6（787）年、『天下と共に豊年を喜び給うの詔』を出されています。ご趣旨は、「即位以来早7年になるが、民に十分に徳を施せず面目ない。それにもかかわらず国中で穀物がよく稔《みの》り天恵を受けられたのは国民のおかげである。その喜びを民と分かちたい。国中の高齢者に、その齢に応じて褒美の穀物を支給するようにせよ」というものです。

文徳《もんとく》天皇（第55代）は、仁寿《にんじゅ》元（851）年、『水害賑恤の詔』を出されています。ご趣旨は、「自分は徳少なく道に暗い身ながら天皇になったが、祖宗の偉業をついでいけるか薄氷を踏む思いである。自分の真心が通じず、近年とかく天候が不純で去年の夏も大洪水のために民は苦しみ、今年の秋もまた大水が出た。重ね重ねの災難には民に何の辜《つみ》もない。この民に手をさしのべるために、今年の調をすべて免除し、被害がひどく自活できない者に対しては、その事情に応じて恵みを施し安心して家業に精を出せるよう取り計らうように」というものです。

平成23（2011）年3月11日の東日本大震災は、貞観《じょうがん》11（869）年5月26日の貞観地震の再来ともいわれます。この年は、さらに6月の新羅《しらぎ》入冦（新羅の海賊が博多に上陸して貢調船を襲撃し掠奪行為を行った）、7月の肥後国地震などが起こり、とにかく災害の多い年でした。まさに、「歴史は繰り返す」の言葉通り、天変地異の頻発、政治と社会の混乱に驚くほどの共通性がうかがえます。当時若干19歳の清和《せいわ》天皇（第56代）は、同年10月13日に「陸《む》奥《つ》の国震災賑恤の詔」を宣《のたま》わせ給い、死者の埋葬、被害の大きい者には租調《そちょう》の免除など、被災者たちの救済をなされました。

詔の趣旨は、

「過去、偉大な君主は天災のときに自らの罪としてきた。自分も天の計らいにしたがい徳を修めて（天皇）霊の心を受けてまつりごとに臨み、民の望みに従ってきた。国のはてまで福で覆い、災いをさけたいと思う。なのに、力及ばず天は責めをお下しになった。陸奥の国は地震がひどく、津波の被害も大きく、家屋もつぶれてひどいことになったとのことである。民に罪はないのにこのような災禍にみまわれた。責任は自分にある。今、使者をつかわして恵みの手を差し伸べたい。使者、国司とも日本人外人を問わず慰撫せよ。亡くなった人は手厚く葬り、助かったものは十分な金品を与えよ。被害のひどい者は租税を免除せよ。身寄りがなく困窮して自立できない者は手厚く救済せよ。私自身が親しく看ているように、つとめて被災者を哀れみ恵むようにせよ」というものです。

宇多《うだ》天皇（第59代）は、仁和《にんな》4（888）年5月28日に前年7月30日の仁和地震、8月20

日の台風洪水、さらに今年5月8日の信濃国での仁和の大水により多くの民が被災したことを受けて『災害地の粗調を免じ倉を開いて窮民を賑恤し給うの詔』を宣わられました。さらに、寛平9年7月3日（897年8月4日）皇太子敦仁親王（即位後、第60代醍醐天皇）に譲位されるにあたって天皇としての心得を説かれた寛平御遺誡《かんぴょうのごゆいかい》（『群書類従 第27輯 雑部133－136頁』續群書類従完成會）をわたされています。この心得は、明治に至るまで引き継がれてきました。

村上天皇《むらかみ》（第62代）は、平将門《たいらのまさかど》と藤原純友《ふじわらのすみとも》の起こした承平天慶《じょうへいてんぎょう》の乱《らん》で逼迫した朝廷の財政を立て直すために天暦《てんりゃく》10（956）年7月23日、『服御常膳《ふくぎょじょうぜん》を減じ普《あまね》く恩赦を行い給うの詔』を出され、徳政を説かれ率先して倹約生活を実践されました。

後堀河天皇《ごほりかわ》（第86代）は、天候不順により鎌倉時代最大の大飢饉が発生した寛喜《かんぎ》2（1230）年2月、『石清水八幡に年穀の豊稔を祈り給うの宣命』を出され、「穀は萬民の命」と国が富み、民が豊かになるようにと祈られました。

伏見天皇《ふしみ》（第92代）は、元寇の後も元《げん》が往生際悪く諜書を送りつけて我が国を脅かし、また関東広域に甚大な被害を及ぼした鎌倉大地震とそれに乗じて起こった平禅門《へいぜんもん》の乱《らん》により混乱した正應《しょうおう》6（1293）年7月8日、『大神宮に国難の平定を祈禳《きじょう》し給うの宣命』を出され、ご自身の徳が薄いと自責され、祖宗の道を道として心を新たにし神助を得たいと願われました。

明治天皇（第122代）は、明治元（1868）年、『救荒《きゅうこう》の勅語』をだされています。ご趣旨は、「今日まで被災者に十分なこともできず心を痛めている。自分の不徳のために畿内の民さえも安んじられず苦しませている。どうか役人たちは私の心を自分の心として困っている民に賑わい恵み救い助けてほしい」というものです。

最近では、昭和21年5月24日にラジオ放送された昭和天皇の「食糧問題に関するお言葉」の中にも「……。この際にあたつて、国民が家族国家のうるはしい伝統に生き、区々の利害をこえて現在の難局にうちかち、祖国再建の道をふみ進むことを切望し、かつ、これを期待する」と、天皇が国民と家族としてこころをひとつに進んでゆくことを呼びかけられています。

＊　＊　＊

歴代の天皇は、民を苦しめた天変地異が起こるのは自分の不徳の致すところとして、強く自身を責められました。そして徳の政治を訴えられ、国家の平安を願われました。

また、亀山《かめやま》上皇は、元軍が暴風雨により敗れ去って上下歓喜に沸く中で弘安《こうあん》4（1281）年7月17日に、『来寇《らいこう》の元軍敗没せる時に下されし宣旨《せんじ》』を給われ、「それ慎みを軽んずれば、その兆最も重し」と戦勝に驕ることなく、いよいよ協力一致、困難に当たるべき旨を訓戒されました。

君臣一如の民主主義

今更言うまでもありませんが、洋の東西を問わず神話の時代から続くと信じられ、2600余年、万世一系で国民と共に在る元首は日本の天皇だけです。ヨーロッパの君主国では、君主と国民はあくまで〝支配者対被支配者〟の関係ですし、その立場が入れ替わることも多々ありました。シナ大陸なども、いわゆる「易姓革命」が主流であるため、血筋の継続はありませんでした。

明治維新は、この欧米列強の世界に日本が引き出され、かれら〝力は正義〟のうしはける世界の標準に落として合わせることでした。したがって国民と共に在るに対して欧米列強の元首のように憲法で縛られる対象に貶めて皇室典範や憲法を為政者が成文化するという未曽有の事態を出来《しゅったい》しました。とくに皇室典範のような皇室の智慧を、部外者が文献考察のような間接的な知識だけで作るという無理がこのたびの譲位に限っても不要な特例法を設けるという宸襟《しんきん》を煩わせ奉ることになりました。

昭和20年5月、知日家といわれたジョセフ・グルー国務次官は、日本に無知なハリー・トルーマン大統領に対して、天皇制はまさしく封建主義の名残であり、「長期的な観点にたてば、日本においてわれわれが望みうる最善の道は、立憲君主制の発展である。日本では民主主義がけっして機能しないことは、過去の経験が示している」と述べています（ジョン・ダワー『敗北を抱きしめて』）。

たしかに米国的民主主義からみれば日本は異質の国でしょうが、我々からみれば〝君臣一如の民主主義〟と言ってよいと思います。明治元年3月14日、当時15歳の明治天皇は、明治新政府の基本方針として『五箇条の御誓文』を示されました。第一条「広く会議を興し万機公論に決すべし」は、後に民選議会設立の根拠になりました。また、敗戦後、昭和天皇が『新日本建設に関する詔書』の中に、明治以来、皇室が国民とともにあったことを示すために、『五箇条の御誓文』全文を引用されました。

すなわち昭和天皇は、日本の民主主義は別にGHQに強制されたからはじまったわけではなく、すでに明治天皇のこの『五箇条の御誓文』からはじまっていたことを改めて国民にお示しになられました。

その国・国民の民度により〝民主主義〟は様々な形をとるわけですが、米国はどうも自分たちと違う形の政体に民主主義を見出さないようです。そして米国的民主主義の押し売りをしたがります。第2次大戦後の東アジアでは、長らく米国の覇権が及び、民主化の大義名分のもと平和・安定・協力が進められてきました。しかし、このような民主化は、東アジアのごく一部の国以外に根付かなかったこともまた事実です。

あらためて、我が国の〝君臣一如の民主主義〟のありがたみに日本人でよかったと感謝する次第です。

日本人と信仰 ―― 神道

さて、まず言葉の定義が必要と考えます。

神性とは森羅万象のもとにある理そのものと理を創造したものをさします。

　宗教とは、神性を理解するための仕掛け（組織や教義戒律）です。本来言葉だけでは伝えることが難しいためにイエス・キリストは浄霊とエネルギー・ヒーリングという〝奇跡〟をみせることで神の力を示しました。ところがイエス・キリストのような能力をもった弟子がいなかったためにその教えを引き継いでゆけず、時代の変遷・場所・啓示者の表現、為政者の介入により変質・分裂を繰り返したり、新しい宗教がうまれたりしていきました。

　一方、信仰とは理屈で説明できないものを信じることで、日本人は神性を直接感じることができたので宗教を必要とせず、信

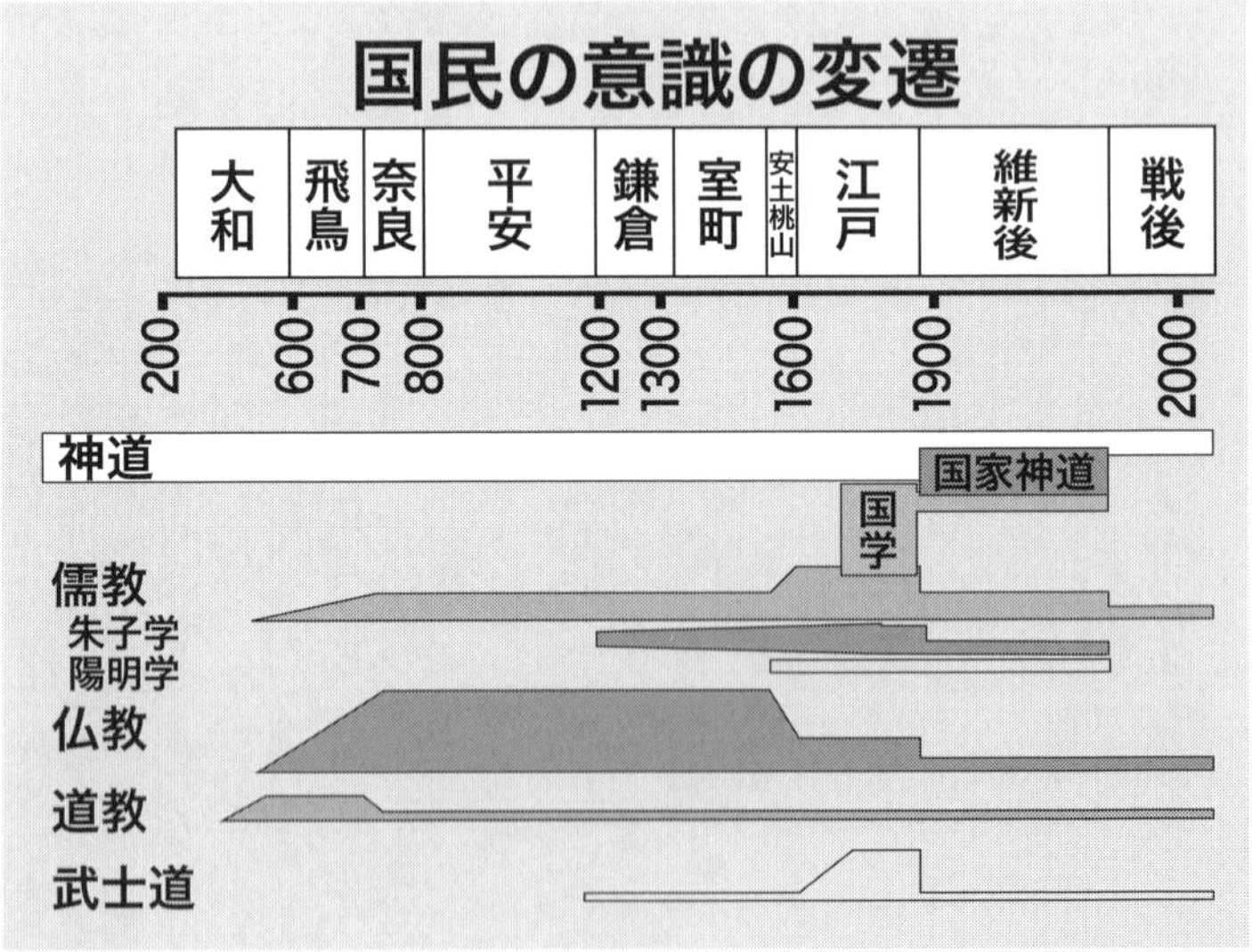

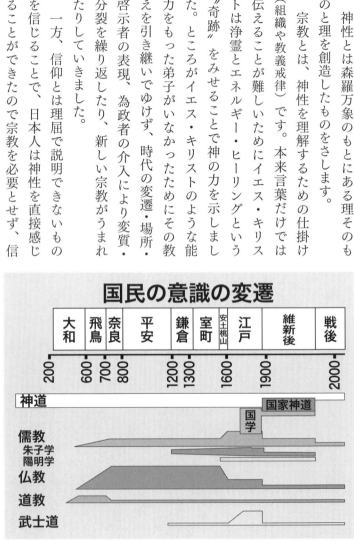

仰として神道を信じてきたと言えます。

第2章（まとめ）

――――濁川 孝志

2章では「日本とはどんな国か」というテーマで、日本の本来の姿、古から培われてきた日本人という存在に関して語って頂きました。

素粒子の分析によってもたらされた量子力学の知見は、東洋的な一元論、すなわち「物質と精神は不可分なものである」ことの説明を可能にしました。そしてこの知見は純粋に西洋科学的な手法の下に得られた成果であるため、量子力学は結果的に西洋科学と東洋哲学を結びつけることになりました。長堀先生はこの事実を捉え、量子力学の知見は「西洋的な物質の世界と東洋的な精神の世界を結びつける架け橋だ」と述べていますす。先生の言われるように、この世界を構成する大元の素粒子が、粒子（物質）であったりエネルギー（非物質という意味で心のような存在）であったりする事実は、目に見える物質も目に見えないエネルギーも渾然一体であることを示唆し、般若心経の説く「色

即是空　空即是色」の世界観と驚くほど似ているわけです。そして先生は、日本の科学者達が素粒子の分野で世界に秀でているのは、偶然ではなく深い意味があると考察しています。つまりは、日本人のＤＮＡには西洋と東洋を結びつけるための使命が深く刻み込まれているというのです。自己主張を控える日本人の特性は、時に欠点にも成り得るのですが、「反面我慢強く、譲り合いや協調精神に富むという美徳も生み出します。同時に東洋的な祈りを捧げる情緒を備え、西洋科学技術を我が物とする知性を持ち併せているのが日本人です。これらの特質、すなわち譲り合いや協調精神、東洋的な祈りの情緒、そして西洋的な科学的精神、これらの要素を兼ね備えることが世界の調和を導くうえで欠かせない重要な資質であると先生は考えるのです。確かに、日本は八百万の神々が調和を保ちながら共存する不思議な国です。一神教の世界から見れば、信じられない光景でしょう。一つの教えを深く信仰することは素晴らしいことですが、そこにはしばしば排他性が伴います。日本人の宗教観、いや信仰観と言ったほうが良いかも知れませんが、その特徴は自分の信ずる教えを持ちながら他を排除しないという姿勢です。長堀先生が言うように、この様な特性を備えた日本人こそは、この混迷する社会にあって世界調和を導くべく運命づけられた存在なのかも知れません。もちろん最近の世情をみれば、全ての日本人がこの美しい特性を備えているとはとても言い難いような出来事が沢山あります。しかし、ここで思い出すのは東日本大震災直後の被災者たちの行動です。危機的な状況に陥った時、人はその本性を現すと言います。あの大震災直後、暴動も起こさずスーパーのレジに静かに並んでいた買い物客の長い列。窮地に陥ってなお、我先にと争って物を手に入れようとしない日本人のこの行動は、世界の称賛を浴びました。先のロシア・ワールドカップでは、試合後のスタジアムでゴミを拾う日本人サポーターの行動も話題になりました。やはり日本人は、世界の人々から見れば良い意味で少し特殊な存在であり、世界調和を主導する使命を帯びた存在なのかも知れません。

長堀先生が日本人の特性として説くもう一つのポイントは、武士道精神です。「武士道といふは死ぬことと見つけたり」という葉隠の一節。死をも厭わず矜持をもち忠義に尽くす武士道精神。これを長堀先生は、「究極の利他である」と言います。死をも賭して忠義に尽くすのですから、確かに利他の極致でしょう。では、なぜ死を厭わないのか。それは武士道の根底にもなっている東洋哲学の世界では、死を敗北と捉えないからです。死を見つめることにより、逆に、今自身が生きているこの一瞬を精一杯輝かせることができると考えるからです。確かに先生の言われるように、人生何が起こるか分からず、人はいつ死んでも不思議でないと考えれば、今生かされていることはとても有り難いことです。更に先生は次のように言われます。

生死一如という一元論、つまり、生死は渾然一体であり、一切のものは無常である、と解する東洋的思想を受け入れることができれば、あの世へ持っていけない俗世的な物質や金は意味をなさないことに思いが至り、物質への執着は自然と消えていきます。

私のような凡人には遥か遠い世界にも見えますが、もし自身の心から物欲が消え、今生きていること自体に深く感謝できたなら、それは何と幸せなことでしょう。そして、何と自由なことでしょう。確かに私たちはいつ死ぬかも知れない身ですから、あの世に持っても行けない財産をいくら溜め込んでも意味が無いようにも思えます。それよりも、人の役に立ち感謝された時の喜び、そして何とも言えない幸福感。長堀先生が言うように、かつての日本に根付いていた武士道精神を見つめ直し、利他の心に思いを馳せれば、それは自分自身を幸せに導き、ひいては世の中の調和を導く鍵になるのかも知れません。

矢作先生には、日本に天皇が存在することの意味と、日本人の宗教観について語って頂きました。天皇制は他国にもある王制のひとつですが、世界の皇室や王族は、長い歴史の中で滅ぼされたり、跡継ぎが産まれなかったりという理由で血筋が途切れた国がほとんどです。日本の天皇は、神話の時代から一度もその血筋を絶やすことなく2600

年も続いているのですから、それ一つをとっても、これは日本の大きな特徴と言わざるを得ません。矢作先生は、天皇陛下を「日本人を形作るのに欠かせない〝扇の要〟のような存在」と表現しています。つまりは日本の安寧を維持し、日本人を一つにまとめるうえでもっとも大切な存在、という意味でしょうか。

神話では、地上を治めていた大国主神が天照大神の孫（ニニギノミコト）に国を譲ることを受け入れ、これを受けニニギノミコトがこの地上に降り立ち、以来この国を治めたことになっています。これを天孫降臨と言い、初代天皇の神武天皇はこのニニギノミコトの曾孫に当たります。大国主神は国譲りに際し、天界の使者から、この国は「天皇のしらす国」すなわち、「神の心と繋がっている天皇が、その心を民と分かち合って治める国」であると告げられました。ここにある〝しらす〟という部分、すなわち「心を民と分かち合ってよい国をつくる」という部分の重要性を矢作先生は強調されます。つまりは、天皇陛下は民を第一に考え国を思う存在で、その天皇陛下を戴く日本は、世界に類を見ない〝民主の国〟ということになります。そもそも、日本の始まりが〝国譲り〟ですから、日本国民が譲り合いの精神に富んでいるのも、こんな神様のDNAが日本国民に宿っているのかも知れません。神話は所詮ファンタジーであり、そんな風に考えるのはナンセンスでしょうか。しかし私は、神話や民話には人々が生きる上での大切なヒントが隠されているように思えてなりません。ところが一方で、こんな初歩的な日本神話を今の若者は誰も知りません。学校で教えないのです。自分の国の成り立ちに関する物語を人々が知らないというのは、それはとても寂しいことです。自身のルーツに関する共通の物語を持つことで、国民は精神的一体感を持てると思うのですが。

一般に日本の民主主義は、先の大戦後GHQの主導で根付いたという風に思われがちです。しかし矢作先生の言われるように、明治天皇は『五箇条の御誓文』を示され、第一条に「広く会議を興し万機公論に決すべし」と謳われています。これは正に民主政治の根幹となる考えで、日本の民主主義の原点はここに見出すことができます。そして神話にみる国の成り立ちのエピソードに、既に「しらす国」、すなわち天皇と民の「君民共治」という民主主義の思想が見て取れるわけです。

それにしても、天皇陛下の真のお姿を我々庶民は如何に知らないことか。天皇陛下は我々国民を思い、身を挺した献身の祈りをなさっているのですね。「わが国に災厄が起こるときに、まずわが身を通してください」と祈られるわけですから、これは民を思っての究極の利他と言わざるを得ません。このような国が他にあるでしょうか。矢作先生の言われる「君臣一如の民主主義」という形態は、日本が世界に誇るべき本当に有り難い姿だと思います。

日本にはある特定の宗教を深く信じる人がいる一方で、特に宗教を持たない人も沢山います。しかしこの特定の宗教を持たないというスタイルは、世界の常識から見ると不思議な形態のようです。日本人が持つこのような宗教観に関して、矢作先生は次のように説明されています。

神性とは、森羅万象のもとにある理そのものと理を創造したものをさします。宗教とは、神性を理解するための仕掛け（組織や教義戒律）です。信仰とは、理屈で説明できないものを信じることで、日本人は神性を直接感じることができたので宗教を必要とせず、信仰として神道を信じてきたと言えます。

日本人の中には、宗教と聞いただけでアレルギー的な嫌悪感を示す方がいます。それはオウム真理教などに象徴されるカルト宗教を連想するからだと思います。しかし矢作先生が定義するように、宗教が森羅万象の理を理解するための仕掛けだとすれば、これは人間にとって限りなく重要なものです。ところが日本人は、宗教という教条的なものではなく信仰という形で神道を心の支えにしてきたようです。スピリチュアリティという言葉があります。これは人間が持つひとつの感性、あるいは価値観ですが、日本語では霊性と訳されます。霊性の本質は、宗教という概念から、拘束的、排他的、教条的な部分を取り除いたもので、同時に多くの宗教に共通してみられる普遍的な部分を統合したもの。要するに多くの宗教が説明している宇宙の成り立ち、超越的存在（神）との繫がり、生きる上での規範などの共通部分を要約したものです。少し難しい説明になったかもしれませんが、霊性とは、「誰が見ていなくてもお天道様が見ている」「日々生かされていることに感謝を感じる」「年長者やご先祖さまを敬う」「四季の移ろいに物の哀れを感じる」というようなセンスで、世界中の先住民族がもっている自然と調和して生きる価値観だと思います。矢作先生が言うように、日本人は神道に根差した信仰心で、この霊性を身に着けたのだと思います。だからこそ森羅万象に神性を見い出し、自身と異なるものを排除せず八百万の神を信ずることができる。世界の調和を考えたとき、他者を排除しないという意味で霊性も重要な資質に違いありません。

本章で語られた日本人の優れた特性を、今、全ての日本人が発揮できているかどうか。自分自身も含め、そこは疑問です。しかし少なくても、我々日本人のＤＮＡには、そのような資質が刻み込まれている。それを自覚することはとても大切なことだと思います。

コラム

長堀先生のこと

濁川 孝志

長堀先生は矢作先生と同様、宇宙の摂理からこの時代に遣わされた人に違いありません。その風貌は温厚なサムライという感じであり、その魂にはこの世界を調和に導こうとする強い意志が刻み込まれているようです。現役の臨床医であり、更に病院経営も担う病院長というお立場であれば、それだけで多忙で無いはずがありません。しかし先生のご活躍は病院内だけで止まらず、数多くの講演やイベントをこなし、その眼差しはいつも日本の平和、そして世界の調和を見据えています。これまた矢作先生同様、ご自分の事は後回しにして、命を削って使命を果たされているのです。それでも律儀な先生は、私と会った時には嫌な顔ひとつせず必ずお酒に付き合ってくれます。実は先生も、私と同じでお酒が大好きなようです。私は常々思うのですが、ご自分の使命を認識しそれに邁進している方はどこか輝いて見えます。それがどのような活動であろうと、そういう人はある種のオーラを帯びています。だから、長堀先生の眼光はいつもオーラを帯び明るく輝いているのだと思います。

長堀先生のお人柄をご紹介するために、先生が院長を務める「育生会横浜病院」のことに関して少し触れておきたいと思います。まず驚くのは、この病院には何とモノレールがあるのです。こう書くとまるで子供の遊園地みたいですが、そうではなく、大通りから病院に続く坂道に高齢の方が困らないよう病院独自のモノレールを敷いているのです。病院であろうと、学校であろうと、他の公共施設であろうと、坂の上にあるからモノレールを敷くなどという発想は凡人には普通出てきません。これは、先生が地域住民を大切にしていることの現れで、病院のモットーは「利他＝人のために働くこと」。愛にあふれる病院なのです。

地域住民のことを思う施策は、他にも色々あります。例えば、普通の病院は〝治療〟が主たる目的です。ところがこの病院では、治療だけでなく、〝お世話〟をとても大切にしています。

つまり、これからの超高齢社会を見据え、治療と世話の両面から地域に寄り添う医療を目指しているのです。それが形となった一例が、「レスパイト（介護家族支援短期入院）」という制度です。現在のような超高齢社会では、高齢者施設のキャパシティにも限界があり、在宅での看取りや介護が避けて通れません。ところが、介護する側も高齢であったり仕事を抱えていたりで、介護疲れからくる弊害が大きな社会問題になっています。

そんな状況の中、ご家族が少しでも休息できるように、介護される方に短期間入院して頂いて、ご家族の代わりに病院がお世話をするという制度です。介護する側が疲れ切って倒れてしまうというのは時々聞く話ですが、最悪の場合、介護疲れから心神耗弱に陥り、子供が高齢の親の命を奪うというような悲劇すら起きています。世の中に、これほど悲しいことがあるでしょうか。お医者様が常駐する病院にお世話して頂けるなら、家族はどれだけ助かることか。家族はその間にリフレッシュできる訳で、心のどこかがホッとする素晴らしい発想だと思います。

もう一つ、私が大きな愛を感じるのは、この病院のポリシーとして、〝死〟を必ずしも全面否定していないという点です。長堀先生は、病院長として以下のように語ります。

『人間は結局、最終的には誰もが亡くなっていきます。だからこそ一瞬一瞬を大事に生きて、最期は悔いなく旅立とうというのが東洋哲学の教えです。死を迎えるにあたってそれを受け入れ穏やかに旅立っていく、それを支える医療も必要だと医療者として感じています』

さらに、次のようにも話します。

『健康的な死、というものがあると私は考えます』

長堀先生の発想は死を必ずしも「敗北」ではなく、むしろ「新たな旅立ち」と捉えている訳で、先生はこれを「見送る医療」と表現されています。死をしっかり見つめるからこそ、日々を悔いなく大切に生きることができる。この考えは、私が「ウエルネス論」の中で講義する内容そのままです。多くの病院では、未だに〝死〟を忌み嫌い、患者をがんじがらめにしてまでも〝生〟に縛り付けようとする傾向にあります。果たしてそれは、愛ある行為と言えるのか。患者にとって有り難いことなのか。人生の成否は、その長さとはあまり関係ないと思うのですが、自分の人生の最期が何となく見えてきたとき、無理やり〝生〟に留められるよりも、その旅立ちを優しく支援してもらえる方が、日々を安らかに過ごせるのではないでしょうか。先生は、生き切った高齢者を介護し、看取ること、そしてそのご家族を励まし支えることも、医療に与えられた重要な役割だと考えているのです。

長堀先生はスピリチュアルな感性に満ち溢れ、目に見えないものの存在や価値を認める人です。そのことは、ご高著『見えない世界の科学が医療を変える』（でくのぼう出版）や『日本の目覚めは世界の夜明け』（でくのぼう出版）などに記されていますが、医師として患者の命を見つめてきたご自身の臨床体験や、東洋哲学の叡智、そして近年の量子力学の知見などを学ばれた結果、そのような境地に至ったようです。先生のこの価値観は随所に発揮され、以前勤務された病院では西洋医学偏重の現代医療に一石を投ずべく、東洋医学や代替医療の優れた側面を取り上げ、講演会やシンポジウムなどを数多く開催してきました。それらのイベントでは、医師の他ヒーラー、セラピスト、アーティスト、僧侶、研究者など多様な叡智の示唆を得ながら、最終的な目的は、『心を見つめ、いのちを見守る愛の医療』を追求していたのです。ご自身の医師としてのお仕事の他に、このような活動をなさったわけですから、その情熱や使命感には本当に頭が下がる思いです。ところが、これらのイベントに対する周囲の評価は必ずしも芳しくは無かったのです。なぜならば、現代科学でハッキリと証明できない事象は、例えそれが有効に働く可能性を秘めていても認めないのが現代医学の常識……だからです。かなりのバッシングも有ったようですが、ご自身の使命を知る先生は今日まで淡々と信ずる道を歩いてきました。長堀先生は、世間の常識に惑わされず自分の信念を貫く矜持を持たれた人なのです。しかし、そもそも世間の言う「常識」とは何でしょう。相対性理論で有名なかのアインシュタインの言葉を借りれば、『常識とは18歳までに集めた偏見のコレクション』だそうです。流石、アインシュタイン。名言だと思います。常識に囚われず自由に発想できたからこそ、彼にはそれまでの科学の枠組みを超えた偉大な理論の構築ができました。余談になりますが、星野道夫という写真家がいます。残念ながら、彼は20年以上も前に亡くなっております。しかし星野は今でも多くの日本人に愛され続け、写真展は多くの人で溢れます。そんな星野道夫は、「目に見えないものに価値を置く社会」を求めていました。星野が深く愛される理由は、我々日本人のDNAの中にこれと同じものを求める魂が刻み込まれているからだと思うのです。目に見えないものの存在や価値を認める長堀先生も、星野道夫と同じ方向を見ていると私は考えます。この他にもこの病院では、落語、映画の上映会、クリスマス会、アロマテラピー、コンサートなど、一風変わったイベントが多数行われています。愛に満ちた常識に囚われないイベントの数々は、長堀院長のポリシーを物語っているのでしょう。

長堀先生のライフワークとも言うべきもう一つのテーマは、膨大な文献研究から〝秘められた古代日本の真の姿〟を現代にあぶり出し、それらの事実から現代人が学ぶべき示唆を明らかにすることです。ここでの知見は私たちの創造力を刺激して、古代人達の魅力に満ちた叡智と行動力を垣間見せてくれます。以下、『日本の目覚めは世界の夜明け』（でくのぼう出版）からそれらの一端をご紹介しましょう。

・縄文時代に埋葬された人骨からは争った形跡がない。つまり縄文時代は、豊かな風土に恵まれ、世界にも類を見ない高度な文明を築き、1万年以上にもわたって集団で人が殺しあうことのなかった平和な時代だった。

・シュメール文明（メソポタミア）が世界最古の文明であるというのが定説だが、縄文人たちは、このシュメール文明の人達と交流していた。つまり、古代人達は、私たちの想像をはるかに超えて、ワールドワイドな活動を展開していた。

・ケルト、シュメール文明で使われていた古代文字や、ハワイで発見された記号とそっくりな文様が、遠く離れた日本で発見されている。これらの事実を踏まえ、ハーバード大学も、縄文土器文化を持った移動型海洋民が、シュメールやケルトの海洋民と何らかのつながりがあったことを推測している。

・近畿大和朝廷成立以前に、壮大な土木建築を行い、かつ西域と交流する強大な権力が日本に存在した。

・島根県出雲市の荒神谷遺跡で発見された、銅剣、銅鐸などは、古事記にあるオオクニヌシの「国譲り」神話が史実であった可能性を示唆する。

・日本人の祖先には、シルクロードを経て渡来した古代イスラエル人の血が流れている可能性がある。

・日本の神道文化と、古代イスラエルの宗教（ユダヤ教）文化には、多くの類似性がある。また、両者の繋がりを示唆する文字、言葉、習俗など多くの状況証拠がある。

などなど……

もちろんこれらの論考は、仮説の域を出ません。しかし多くの状況証拠を素直に見れば、これらの仮説を否定するのはかえって不自然です。物質的な価値観ばかりが偏重される現代社会において、〝目には見えないもの〟や〝証明できないもの〟に思いを馳せる想像力は、今を生きる私たちの心をとても豊かにしてくれるような気がします。そして詰まる所、ここに活躍する古代人達の遥かなる足跡を紹介しながら、長堀先生は我々日本人が潜在的に持つ大きな可能性を示し、次のように訴え掛けます。

『全ての存在に靈性を感じ、厳しくも慈しみ深い自然を崇拝し、人、そしてすべての生き物と共存し、愛と調和の中で平和な社会を営んでいた縄文時代、この時代の生き方を思い出し、世界に広げていくことこそが、現代に生きる私たち日本人の使命なのではないかと私は思います』

以上のように、現役の医師でありながら多彩な活動をなさる先生ですが、最近、日本の現状や問題点、さらに日本人の向かうべき方向に関して貴重な提言をなさっています。それらの点に関して本書でも存分に語って頂き、矢作先生との対話を通じ、問題の本質を掘り下げながら、あるべき未来の日本の姿を提示して頂きたいと思います。

第3章　かつて日本は世界の中心だった

――ムーの残影を追いかけて――

遥かなるムー文明

長堀　優

かつて、私が大学の受験勉強をしていた頃、『傾向と対策』シリーズという有名な参考書がありました。私と同世代に受験をされた方は、きっと覚えておいでのことでしょう。そのシリーズの物理を監修されていたのが、当時東京大学教授であった故竹内均氏でした。

竹内氏は、大陸移動に強い関心を持ち、学生のみならず、メディアを通じて、一般市民への科学知識の啓蒙にも情熱を注がれていました。その情熱は、東大退官後も続き、科学雑誌『ニュートン』の初代編集長に就任し、科学の世界を世間にわかりやすく広めてこられました。

さて、私には、生粋の理論物理学者のイメージが強い竹内氏ですが、じつは古代文明にも深い造詣をお持ちであり、『ムー大陸から来た日本人』という本も出版されています。

ムーは、単なる伝説に過ぎないと信じていた私にとって、竹内氏がこのような本を執筆されていることはとても意外に感じられました。

この著書の中で、竹内氏は、専門の地球物理学の学識のみならず、考古学、人類学、言語学など、実に多彩な知識を踏まえ、ムー文明の本質に力強く迫っていきます。

そして、太平洋とインド洋の海域と、それを取り巻くアフリカ東海岸、メソポタミア、インド、東南アジア、シナ、シベリア、北・中・南米の太平洋岸を結ぶ、途轍もなく広範な地域に、ムー文明と呼んではばからぬ文明がかつて存在した、と結論づけています。

竹内氏の語るムー文明というのは、果たして、いったいどのようなものだったのでしょうか。

1926年、かつてインドに駐屯していた元英国陸軍大佐ジェームズ・チャーチワードは、『失われたムー大陸』という本を出版しています。そして、超古代にムーという大陸が太平洋上にあり、火山の活動により、一夜にして海中に没したという伝説を紹介しています。

チャーチワードは、インドで古い寺院の院主である老僧と出会い、古代文字の読み方を習ったことをきっかけにして、その後50年をかけ、南太平洋、南アメリカ、北アメリカ、エジプトなどを旅行し、古代文字の彫られた円板や事実の収集に努めました。そして、ロマンに満ちたムー大陸の物語を紡ぎあげたのです（ジェームズ・チャーチワード著『ムー大陸の子孫たち』)。

伝承では、豊かで美しい熱帯の国であるムー帝国の人口は、約6400万人だったと伝えられています。時代を考えれば、信じがたいほどの数です。しかし、今から約1万2000年前、このムーを突然の大地震と噴火が襲い、帝国全体が海底に沈んでしまったというのです。

チャーチワードによれば、ムーの下の地盤には、爆発性のガスが充満した空洞があり、このガスの圧力で岩盤に割れ目が生じたのが沈没のきっかけとなりました。そのガスが空中へ逃げ出したことにより生じた地下の大空洞が崩壊を起こし、ムーは海中に没してしまいました。そのムーの名残が、太平洋全体に散らばっている島々というのです。

竹内氏は、海洋地質学的には太平洋に沈んだ大陸の形跡がなく、爆発するような火山帯もないことから、ムー大陸の存在については否定しています。しかし、さまざまな調査研究から、先ほども述べましたように、太平洋地域からアフリカにまたがる広大な地域を結ぶムー文明があったのでは、と推測しているのです。事実とすれば、想像を絶するような壮大なスケールです。(竹内均著『ムー大陸から来た日本人』)

ムー文明を構成していたであろう島々が沈んだ原因として、竹内氏は、2つの要因を挙げています。

その一つ目は、太平洋の海底が、東南から西北へ向けて移動することに伴い沈降していること、二つ目は、気温の上昇により氷が溶け、海面が上昇することです。実際に、現在の海水面は、氷期が終わり、氷が融解したために、2万年前より100メートルも高くなっていると言います。

これらの要因を考慮すれば、ムー文明の島々の水没は、一気に生じたのではなく、長い時間をかけてゆっくりと進行した可能性があります。

大陸が存在しなかったとしても、島々を結ぶ壮大なムー文明は存在し得たのではないか、と竹内氏が推測する根拠として、太平洋、インド洋に渡る広大な地域において、人々の移動や交流が盛んであったことが挙げられます。そればかりか、地域内の人々は、本質的に同一といってよいマレー・ポリネシア語を話しているのです。ハワイ諸島を発見したキャプテン・クックも、カウアイ島の人たちがタヒチの人たちと同じ言葉を話すのを見て驚いたと言われます。

約3000年前に現れたとされるポリネシア人たちは、天文学や気象に関する知識、そして海の色や鳥の動きなどに裏付けられた優れた航海技術を持ち合わせていたため、船を使って広大な地域を巡っていた可能性があるのです。

つまりは、信じがたいほどに広い地域にわたり、無数の島々に住む人同士がお互いに深めていた交流こそが、象徴のムー帝国を構成していたと考えられるのです。

沖縄海底遺跡と太平洋文明

与那国島沖の海底遺跡調査で知られる木村政昭氏（琉球大学名誉教授）も、古代における太平洋文明について精力的な研究を続けています。木村氏も、竹内氏と同様、太平洋のど真ん中に存在したと伝えられる大きな大陸についてはは否定しています。しかし、木村氏は、太平洋の西部地域に限れば、7万〜2万年前に広大な陸域があったことは、海洋学的にも認められると指摘しています。

なぜかといえば、その当時は最終氷期に入った頃であり、海水が凍結して海面が低下したために、日本と朝鮮半島、中国大陸はもちろん、マレー半島からフィリピンの島々を包含する広大な陸地が出現したと考えられているからです。

木村氏も、竹内氏の指摘と同じように、2万年以降の地球温暖化と地殻変動により、氷が溶け海面が上昇し、全体にこの地域は、水没していったと述べています。

とりわけ、トカラ諸島、沖縄から八重山諸島にかけての地域は、大きく陥没したと考えられています。なぜなら、この地域は火山の連なりであり、地下には巨大なマグマ溜まりがあるからです。

木村氏が「琉球古陸」と呼ぶこの地域は、火山の噴火によってこのマグマ溜まりが解消されると、大きな陥没が起こる可能性があるのです。


「琉球古陸は、今から20万年前以降、総延長1000キロを超す大陸部分であった。だが、2万年前からあと、地球温暖化と地殻変動による陥没により、全体的に水没を始め、水面上に残ったのが現在の南西諸島の島々だ。この間に文明と言えるものがあったかどうかは定かではない。しかし、今から4000〜10000年前には、水没を免れた島々（島嶼《とうしょ》）で、

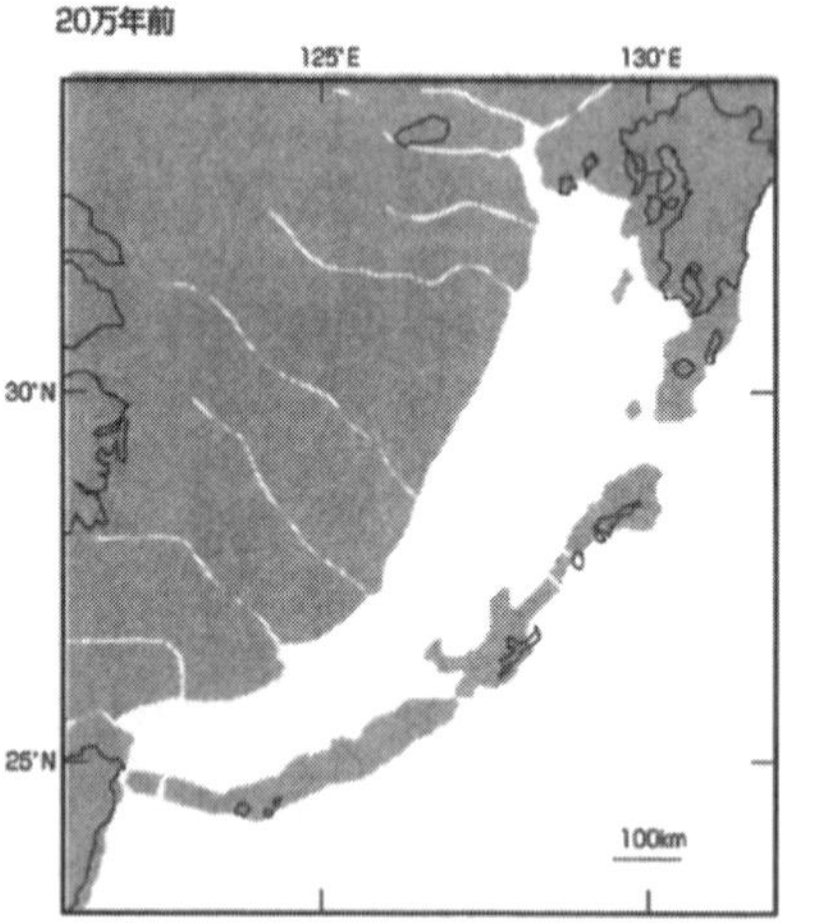

約20万年前、再び姿を現した琉球古陸
（木村政昭 著『沖縄海底遺跡の謎』より）

海底遺跡に見られるような神殿・城塞《じょうさい》が築かれたような文明が発達した。現在わかっている古代文明というのは、この時期のものである」（木村政昭著『新説　ムー大陸沈没』）

木村氏は、火山の噴火による「琉球古陸」の沈没は、1万8000〜1万4000年前以降をピークに、長さ1200キロ、幅1000キロにわたる大規模な地域の段階的な陥没を起こしていたと考えています。

たいへん興味深いことに、この時期は、ムー大陸を世に紹介したチャーチワードが指摘するムー水没の時期と重なっているのです。

チャーチワードは、大変動の原因として、爆発性ガスが充満する地下の空洞の陥没を挙げていましたが、この空洞を八重山の火山群のマグマ溜まりとすれば、「琉球古陸」水没のメカニズムも、チャーチワードの語る説とぴたりと重なります。

しかしながら、現在までに発見されている与那国海底遺跡を被う生物化石の年代を測定すると（炭素14〈^{14}C〉年代測定法、ベリリウム10〈^{10}Be〉年代測定法）、いずれも2000年前より新しいものであるといいます。この鑑定が正しいのであれば、チャーチワードが伝えるムー大陸の大規模陥没より、相当に新しい時期に建造されたことになり、この遺跡は、ムー伝説とは関係ないということになります。

この点について、チャーチワードは注目すべき記述を残しています。

ロシアの考古学者P・K・コズロフ教授の地質学調査隊に加わったチャーチワードは、シベリア東部全域にわたり、数千年前に起きた恐ろしい大洪水の痕跡を発見しています（ジェームズ・チャーチワード著『ムー大陸の子孫たち』）。

この地域からは、氷河の跡が全くみられなかったことから、大洪水はほとんど岩盤を露出するまでに表土を洗い流したと考えられるそうです。そうであるなら、シベリアと沖縄は離れているとは言え、この大洪水が日本にも少なからぬ影響をあたえ、ある時期の琉球地方の遺跡を根こそぎ流し去ったという可能性も否定はできません。

与那国島海底遺跡
（木村政昭 著『沖縄海底遺跡の謎』より）

長堀注：与那国島の近海に眠る海底遺跡。高さ約25 m、幅100 m以上と巨大で、そそり立つ階段状の岩、まっすぐに延びる水路、自然には起こりがたいと思われるようなプールのような陥凹孔がみられる。

じつは、木村氏も、与那国島沖海底遺跡近辺の分析では、6000～5000年前より古い石灰岩は、なぜか、ずっとさかのぼって3万～2万年前より古いものしか出土していないと指摘しています。ひょっとしたら、この事実は、チャーチワードが伝える大洪水の影響を示すものであるのかもしれません。つまりは、すべての建造物が近年のものと断定されたわけでもないのです。今後の研究の進展が待たれるところです。

ムー文明と日本

木村氏は、太平洋における古代の巨石建造物の一つとして知られるイースター島の「モアイ石像」によく似た巨大人面像を、与那国島海底遺跡の東方海中で発見しています。その他にも、この沖縄の遺跡とよく似た巨大な組石遺構や巨石建造物が、太平洋諸島に多く残されていることを指摘しています。

古代における太平洋文明と日本が関わりを持っていたであろうことは、このほかの様々な研究からも推定されています。

エクアドルの太平洋沿岸バルデビアでは、日本の縄文式土器によく似た土器が発見されています。その一つの年代を測定すると、約5000年ほど前であることが判明しました。

もちろん、単に土器が似ているだけでは、両文化の交流を証明することにはなりませんが、これらの土器には注目すべき特徴がありました。

およそ1万6500年前のものと推定される日本の土器は、初期の簡単な模様から始まり、徐々に複雑に進化していく過程がみてとれます。一方、バルデビアで発掘された土器は、5500年前のものと推定される最も古いものが、すでにはじめから円熟期の日本の縄文式土器に似ていたのです。

立体的な装飾を施され、荒々しくも美しい縄文式土器は、現代においても陶芸家が作成するのは困難といわれています。このようなものが、土器文化の進化・発展の歴史のない古代の国で、いきなり造られたと考えるのは無理があります。縄文人がエクアドルへ渡ってきて土器文化を伝えたとでも考えなければ、理解は困難なのです。

しかし、古代において、そのような大航海が可能であったのでしょうか。

昭和52年、山口県宇部市の岡村精二氏が自設計自作のヨットを用い、帆と櫓漕ぎによる単独の太平洋横断に成功しています。この冒険を皮切りに、同じような試みの成功が続いています。このような事実を踏まえて考えるなら、ハワイ、イースター島などのムー文明に属する南太平洋の島々を経由していけば、航海術に長けたポリネシア人たちにとっては、東洋から南米への航海も、決して不可能ではなかったはずです。

日本とムー文明のつながりは、土器だけではありません。太平洋地域において幅広く使用されているポリネシア語も、母音を中心に認識するという特徴を有する点において、日本語とよく似ていることが知られています。

母音中心の言語は、ハワイ、ポリネシア以外にはほとんどみられません。原ポリネシア語を話す民族が南方から渡来して住み着き、意思疎通のため、ポリネシア語をもとに、縄文語が形成されたとも考えられているのです。

古代文字による歴史の謎解き

秘されてきた日本の古代文化は、話し言葉からだけではなく、文字の面からも、少しづつ明らかになろうとしています。

書聖と称され、昭和天皇にも謁見している安藤妍雪《けんせつ》女史は、文字に秘められた神理とでもいうべき「言霊」に魅せられ、さまざまな研究を深めるうちに『世界の言語は元ひとつ』という一冊の本を出版されました。この本では、文字に関する数々の驚くべき事実が明かされています。

「平成三年七月、佐賀県大和町の東山田一本杉遺跡から出土した弥生前期末の甕棺《かめかん》から、『古代南インドの象形文字』が発見されました。

日本人考古学者が見逃していたものを、たまたま調査に訪れた、インド人考古学者ポンナムバラム・ラグパティ博士が発見したのです。

意味は不明ですが、甕棺の側面に、縦十五センチ、横十九センチの大きさで、十字に引かれた線の先端が熊手《くまで》状の文字が描かれていました。ラグパティ博士は、『紀元前三世紀頃まで南インドの土器に描かれていたグラフィティという古代文字と同じだ』と語り、驚きの声を上げました」

日本とインドは決して近くはありませんが、古くからの決して浅からぬ因縁を窺わせるものは、じつは、文字だけではありません。

祇園祭を主管する八坂神社の開祖・八坂氏について、『新撰姓氏録』（嵯峨天皇の命により

編纂）には、

「八坂造　出自　狛国人　久留　川麻乃　意利佐也」

との記載があります。

漢字ばかりで恐縮ですが、その意味するところはズバリ

八坂造《やさかのみやっこ》は、

意利佐（オリッサ・インド）↓
川麻乃（チェンマイ）↓
久留（中国江南）↓
狛国人（こまこく、高句麗）

を通って日本にやって来た、ということになるのです。

要するに、八坂氏が、インドから東南アジアを経て、はるばるやってきた氏族であることを、公の文書が認めているわけです（高橋良典著『太古、日本の王は世界を治めた』）。

現代のオリッサ州（インド東部に位置する）にあるプリーという町では、毎年ラタヤートラ祭が開かれます。この

インド東部　ラタヤートラ祭の山車

祭のクライマックスでは、写真のような山車が街を練り歩きます。その光景は、なんとも、祇園祭の山鉾巡行にそっくりではありませんか。八坂氏がどこからこの国に渡ってきたのかを雄弁に物語っているかのようです。

言語学者の大野晋氏は、著書『日本語とタミル語』で、タミル語の単語や文法が日本語と似ていることを指摘しています。グラフィティが南インドの土器で見つかったのであれば、タミル語の話者も、図のように南インドです。ラグパティ博士の発見も不思議ではないということになるのかもしれません。

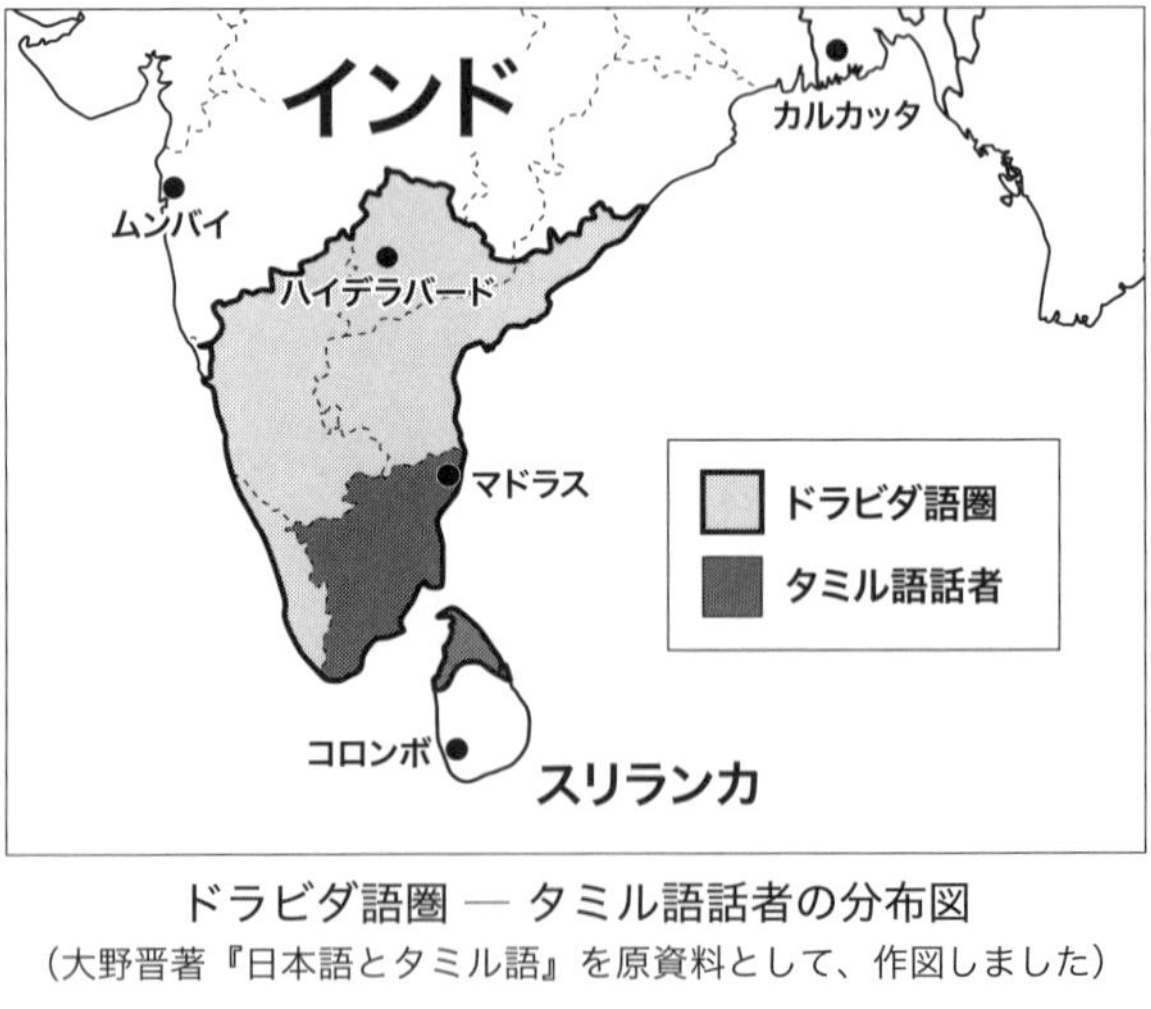

ドラビダ語圏 — タミル語話者の分布図
（大野晋著『日本語とタミル語』を原資料として、作図しました）

インドの文字だけではありません。日本で発見された古代岩文字ペトログラフが、シュメールやハワイで発見された文字と共通であることも、世界の研究者により確認されています。

安藤妍雪氏は、この点について、次のように語ります。

「紀元前二五〇〇年から紀元三〇〇〇年頃に使われていたと思われる古代シュメール文字やバビロニア文字、ギリシャのピロス文字、中国の甲骨《こうこつ》文字のルーツと思われる文字などが、西日本一帯において、続々と発見されているのです（日本ペトログラフ協会調べ）。

つまり、インドどころの騒ぎではなく、超古代の日本人が世界各地と交流していた形跡が見られるのです。ただし、それらの発掘物が、世界各地から古代文化を伝えた部族が集団で日本列島に渡来し、それぞれのルーツを伝える文字を岩に刻み込んだものなのか、逆に日本で発明された古代文字が世界各地に伝えられ、そして定着し完成するに至った形跡を示すものなのか、この辺については今のところ定かではありません」

いずれの文字も、超古代文明の遺産とされる巨石文化遺跡の大岩に刻まれた状態で残っているため、紀元前2500年どころか、その起源はずっと古くまでさかのぼる可能性もあります。

つまりは、日本列島が、古代文字発祥の地だった可能性もあるのです。

安藤氏は、さらに、戦前、ボリビアでみつかった男神像と女神像の台座に彫られた古代文字についても言及しています。このニュースは、当時の読売新聞でも報じられています。

「……ボリビアの山中で発掘された遺物で、左下部に文字プレートがあります。ボリビア政府は中国へ持って行って調べてもらいましたが、中国の考古学者ではその文字の意味がわからなかったということです。

　それで、日本の外務省へ持ってまいりました。しかし、外務省でもわからないので、古代史研究家が、超古代のある天皇《すめらみこと》のお書きになった神代文字のアイウエオと照合してみたら、はっきりと『アイウエオ、カキクケコ、サシスセソ、タ』と十六柱の神の名が書いてあるのがわかったと

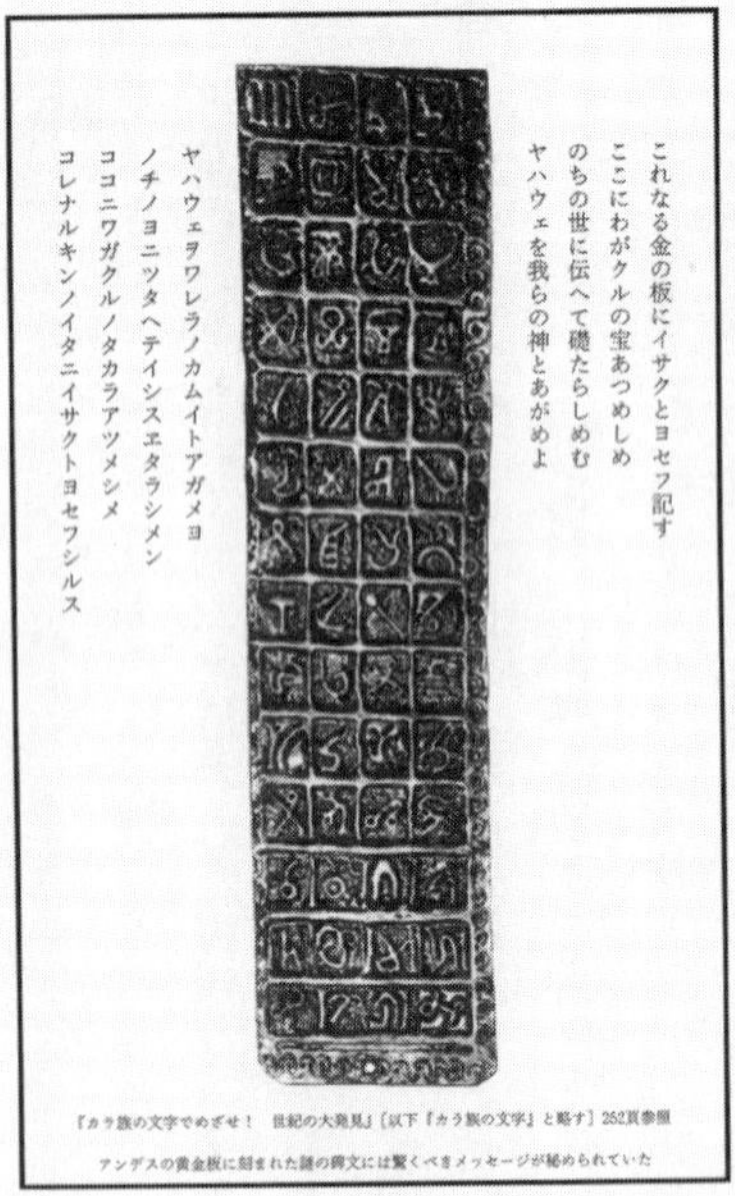

アンデス黄金板碑文
（髙橋良典著『太古、日本の王は世界を治めた』ヒカルランド刊より）

いうことです」

古代文字を研究してきた高橋良典氏も、著著『太古、日本の王は世界を治めた』の中で、『神字日文伝（かむなひふみのつたえ）』（200年前に国学者平田篤胤が著した）に収められている神代文字により、エクアドルの地下都市で発見された碑文の文字を解読できたと述べています。

日本の王は世界を治めた、とは何とも刺激的なタイトルですが、チャーチワードも、ムー文明の名残は、起源が謎に包まれている日本民族に流れ続けているはず、ときっぱり指摘しています。日本人が世界を治めたという指摘には抵抗を感じたとしても、古代王国の民族の遺伝子が、今も日本人に残されていると考えれば、納得できる話ではないでしょうか。

安藤妍雪氏は、中国の山海関で発掘された二千年くらい前のものとされる『契丹古伝』には、漢字の源になったものが何であるかということが記されている、と述べています。

中国人が書いたこの書によれば、漢字以前の文字は、天字《てんじ》といい、その前が卜字《ぼくじ》で、卜字というのは、殷字、すなわち象形文字であるとされます。

最も重要なことは、『契丹古伝』に、「殷、もとこれ倭国」と明記されていることであり、

「昔、中国では日本のことを『倭国』と呼んでいました。ですから、殷字の元は倭国の文字、すなわち日本の文字であるということは、疑いようのないことであるといわねばなりません」と安藤氏は指摘します。

高橋良典氏も、中国西安郊外に残され、中国の学者がまだ解読できていない蒼頡《そうけつ》（漢字の発明者とされる）が書いた碑文を、北海道異体文字（アイヌ文字）とトヨクニ文字で読み解けたと述べています。どちらも、確証が得られたら、世界の歴史がひっくり返るほどの大発見となることでしょう。

もし古代の日本に文字があったとするならば、それらがなぜ消されなければならなかったのでしょうか。

安藤妍雪氏、高橋良典氏が、共に指摘するのは、秦の始皇帝による「焚書坑儒《ふんしょこうじゅ》」です。世界統一国家をつくる野望を持っていた始皇帝は、支那という国を本家にするため、東の国に関する史書や学者をことごとく抹殺したというのです。

もし、始皇帝が、何の文明もないところに、新たな国を建国し、中国を統一したのであれば、「焚書坑儒」などという野卑な行為は全く必要ないはずです。隠匿しなければ都合が悪いほどのものが、すでに当時の中国の東方に存在していたと考える方が自然です。

さらに、高橋氏が指摘するのは、西暦６６３年に勃発した白村江の戦いです。

奈良時代以前の日本に文字があったことは、文献にも、遺物にもはっきり残されているのに、古代史の権威が口をそろえて日本の古代文字を無視してきたのはいったいなぜか、私たち日本人の奈良時代以前の歴史に、巨大な空白をもたらし、日本古来の文字で書かれた文献を奪い取った、途方もない勢力とはいったいなんだったのだろうか、高橋氏は、その勢力のすべてを正確に述べることはできないと前置きしながら、次のように記しています。

「一つだけはっきりしていることは、その勢力が今から千三百七十年ほど前の大化改新(六四五年)と白村江《はくすきのえ》の戦い(六六三年)の時代に、日本海周辺のほぼ全域に台頭し、それまでの日本にあった固有の文字と文化、王家と有力氏族の記憶をほとんど消し去ってしまった、という点である。

私たちはこれまでの教育のなかで、日本は滅亡に瀕《ひん》した百済《くだら》の請いを受けて唐《とう》・新羅《しらぎ》の連合軍と白村江で戦い、手痛い敗北を喫したあとは〝連合軍〟の侵攻を恐れて都を近江《おうみ》に遷《うつ》したとしか教わっていない。いわんやその戦いに敗れたときに、そのまま日本が唐の軍隊に占領されたこと、そして、この時代以後につくられた日本の都城や古墳の設計単位が、それまでの高麗尺《こまじゃく》(唐によって滅ぼされた高句麗《こうくり》の尺度)から、唐《から》尺《じゃく》に全面的に改めさせられたことなどは一度も教わっていない」

被占領という観点から、この戦を考えるなどということは、この国の学校で教わることは決してありませんでした。しかし、古代の日本が白村江の戦いに敗れたあと、中国の占領支配を受けたことは、『日本書紀』の天智天皇の条のなかにも、それとなく仄《ほの》めかされていると高橋氏は指摘します。というのも、天智4（665）年の記事では、日本へやってきた唐の使節団の人数が、254人から、同8年と9年には2000人にふくれあがっているからです。敗戦後の日本へ2000人という大量の使者が続々とやってきたことは明らかに異常であり、唐の使者が占領軍司令部の要員であったことが、ここに暗示されていると考えられるのです。また、天智天皇は、近江京に遷都した際に、『漢字使用令』を出していますが、これも占領軍の意向であったのでしょう。

このように見てくると、天智天皇の皇子に、天武天皇が起死回生の大勝負を挑んだ壬申の乱（672年）も、単なる兄弟間の跡目争い以上の意味があったように思えてきます。

このようにして、中国の支配者は、秦の始皇帝による焚書坑儒以降、周辺他民族を制圧するや、漢字以外の文字で書かれた記録を抹殺し、その国の文化や歴史を消し、中華帝国に従属させてきたのです。

白村江の戦い（６６３年）のあとにおいても、唐により古代文字が撲滅され、『古事記』（７１２年）『日本書紀』（７２０年）がそれぞれ完成しました。さらに『古語拾遺』を通じて、「記紀」以前には、日本には文字はなかったという通説がまかり通っていくことになるのです。

とはいえ、古代文字など絶対に教えることのない我が国の学校教育においても、乙巳の変（中大兄皇子、中臣鎌足による蘇我入鹿暗殺）において、入鹿の死に悲嘆した父、蘇我蝦夷が書庫に火を放ち、『天皇記』『国記』（伝聖徳太子編纂）を燃やしたと教えています。

また、『古事記』の序文においても、編纂者の太安万侶《おおのやすまろ》が、稗田阿礼《ひえだのあれ》に誦習（文字資料の読み方に習熟すること）させた帝紀・旧辞を手掛かりにした、とはっきり記しています。これらのことを見るだけでも、「記紀」を最古の文献とすることには無理があるのです。

高橋良典氏は、宮崎県の高千穂でみつかったという碑文に刻まれた「ヒエタノアレコロサレキ（稗田阿礼殺されき）」との一文を確認しています。であれば、『古事記』が如何にしてつくられたのかという日本の古代史における大きな謎が、稗田阿礼殺害により、闇に葬られた可能性もあるのです。

じつは、歴史の封印は、過去のものではありません。現在も続いています。

昭和58年、島根県出雲市斐川町での農道建設に伴い、銅剣３５８本、銅鐸６個、銅矛16本が発見されました。その時点までに日本全国で発掘された銅剣総数が３００本余りですから、日本史の常識を覆す、まさに世紀の大発見のはずでした。神話の世界の出来事とされてきた出雲に相当の権力が存在したことが明らかとなったのです。

しかし、驚いたことに、あの発見から30有余年が経つにもかかわらず、出雲の研究は全く進まず、いまだにこの地域は、神話の世界に押しとどめられたままなのです。しかも、この神話ですら、戦後教育においては絵空事として学校教育の場から姿を消してしまいました。

第4章で、矢作先生が詳述されますが、唐による占領軍と同様に、GHQによるこのような「教育改革」も、古代史の抹殺には大きく関与したのです。その作戦は、これまでのところ、想像以上に大きな成果を挙げ、我が国の文化・伝統を破壊し尽くしたばかりか、日本人の精神性を大いに貶《おとし》めてきたのです。


ご覧の写真は、広島県宮島の弥山《みせん》です。

上に乗ってる巨石は、どう見ても自然のものではありません。その下面は、何かの力で平らにされているような印象すらあります。いわゆるオーパーツだと私は考えています。

このような不思議な巨石が、この日本の至る所に存在しています。

有名な水晶のドクロなど、古代文明の遺跡には現代科学では解けない謎が数多く残されています。その秘密を解く鍵が、じつは日本に残る神代文字にあるとも言われます。

世にムー大陸を紹介した英国陸軍大佐チャーチワードも、研究のきっかけは、インドやメキシコの古代の文字版でした。

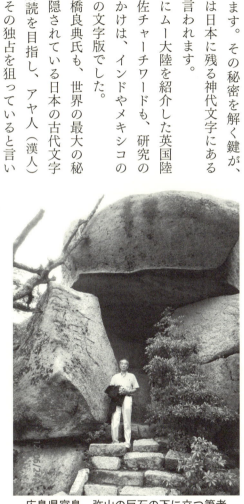

高橋良典氏も、世界の最大の秘密が隠されている日本の古代文字の解読を目指し、アヤ人（漢人）が、その独占を狙っていると言います。アヤ人とは、アーリア、アーリヤ人ではないかと推測されますが、古代文字の解読には、その流れを汲む大和言葉を解する私たち日本人の力が欠かせないのです。

広島県宮島、弥山の巨石の下に立つ筆者

私には、竹内均氏、木村政昭氏の語るムー文明と、安藤妍雪氏の語る共通の文字と巨石により結ばれる古代文明が、おぼろげではあっても、繋がって見えてくるように思えます。日本人の研究家たちの活躍により、今後、さらにこの国の古代における封印が解かれて行くことを私は心から願っています。

木村氏が「琉球古陸」と語る地域に、火山の爆発を契機に大陥没が起こったのは、1万数千年前、ムーを世に紹介したチャーチワードの語る、ムーの水没の時期と一致します。しかし、水没以前の遺跡は、先ほども述べましたように、これまでに発見されてはいません。ただし、沖縄の正史には、1万7000年前に王国が誕生したという神話が記されているそうです。

木村氏は、「琉球では、昔から海の彼方に理想郷〝ニライカナイ〟が存在すると信じられてきた。今日では、その理想郷こそ〝竜宮城〟だという説が有力化している。ニライカナイは沖縄近海の海底にあるといわれ、その信仰には水没した琉球古陸の記憶が反映された可能性が高い」(『沖縄海底遺跡の謎』)

木村氏は、このニライカナイこそ、竜宮城だと語ります。

琉球と竜宮、発音が似ているのは偶然ではないのかもしれません。

神話「海幸彦と山幸彦」において、魚釣りに出掛け、兄に借りた釣針を失くしてしまう山幸彦が赴いたのも、海神の宮殿「綿津見神宮《わたつみのかみのみや》」でしたが、この神話も、なんらかの故事を、今に伝えているとはいえないでしょうか。

私たち日本人は、今こそ、戦後教育に根差したマインドコントロールから目覚め、自らの国の歴史、そして民族の魂である神話を見直すべき時を迎えたようです。日本人の意識の高まりが、必ずやこの国の古代における華麗なる歴史を明らかにしていくであろうことを信じています。

第3章（まとめ）

濁川 孝志

本章では、古代日本の隠された国際性、日本と世界の驚くべき交流の痕跡に関して長堀先生に語って頂きました。長堀先生の語る内容はとても刺激的で、ワクワクするような古代世界への冒険旅行でした。

まずは伝説のムー大陸、ムー文明に関するお話です。ムー大陸、ムー文明の存在に関しては諸説あるのでしょうが、仮説、伝説の域を出ません。しかし「ムー大陸」はともかく、太平洋、インド洋を中心とした広大な範囲に「ムー文明」と称されるような文化圏があった可能性は否定できないようです。その理由を、長堀先生は次のように説明されています。

「太平洋、インド洋に渡る広大な地域において、人々の移動や交流が盛んであったことが挙げられます。そればかりか、地域内の人々は、本質的に同一といってよいマレー・ポリネシア語を話しているのです。ハワイ諸島を発見したキャプテン・クックも、カウアイ島の人たちがタヒチの人たちと同じ言葉を話すのを見て驚いたと言われます。／約３０００年前に現れたとされるポリネシア人たちは、天文学や気象に関する知識、そして海の色や鳥の動きなどに裏付けられた優れた航海技術を持ち合わせていたため、船を使って広大な地域を巡っていた可能性があるのです」

ここに記されたタヒチとハワイの結びつきを証明した人がいます。先に記した映画『ガイア・シンフォニー』にも出演したハワイ生まれの米国人ナイノア・トンプソンは、現代人でありながら古代の伝承航海術を学び、ＧＰＳはもとより海図、羅針盤など一切の現文明機器を搭載しないカヌーで、１９８０年にハワイ・タヒチ間往復航海を成功させました。星を読み、波や風を感じ、海の自然が与えてくれるサインだけを頼りに、実にハワイ〜タヒチ間、４０００キロの海の旅を成しとげたのです。我々の常識を遥かに凌ぐ古代人たちの能力には、驚きを禁じえません。それはおそらく、自然と調和して生きていたからこそ、もたらされた力でしょう。そして更に驚くべきことは、我々現代人にもその能力が眠っているという事実です。それは必要とされないため現在使えませんが、失われてはいなかったのです。ナイノア・トンプソンは、それを証明しました。ナイノアはごく普通の現代人であり、特別な人ではありません。自然の気配にそっと耳を傾け、自然と同調することができたなら、今の我々にもそのような能力が蘇るのかも知れません。

さて長堀先生は、この時期の日本と世界との結びつきに関して述べています。つまりは、驚くべきことに縄文人たちが世界進出をしていた形跡があるのです。例えば、イースター島の「モアイ石像」によく似た巨大人面像が、与那国島近くの海底で発見されています。また、この沖縄の遺跡とよく似た巨大な組石遺構や巨石建造物が、太平洋諸島に多く残されているそうです。まだまだあります。南米エクアドルの太平洋沿岸バルデビアでは、日本の縄文式土器によく似た土器が発見されています。土器の進化の過程を考えると、どうやらそれらの土器の存在は、縄文人がエクアドルへ渡ってきて土器文化を伝えたとでも考えなければ理解は困難なのだそうです。土器だけではありません。太平洋地域において幅広く使用されているポリネシア語も、母音を中心に認識するという特徴を有する点において、日本語とよく似ていることが知られています。古の人々が縄文の大樹から作られたカヌーに乗り、意気揚々と太平洋に漕ぎ出す姿を想像すると、胸が躍るのは私だけでしょうか。自然のサインを読み解くことで、現代のＧＰＳにも劣らない技術を確立していた事は既に述べましたが、縄文人たちは、自然との会話の中から私たちの想像を遥かに超える技術を得、かなりグローバルに活躍していたのかも知れません。

更に長堀先生は多くの文献を読み込み、日本の古代文字に秘められた歴史を紹介しております。そこからは、やはり古代日本と世界の交流、そして封印されたとある日本の歴史が浮かび上がります。まず日本と世界の交流という点では、以下のような事例が紹介されています。例えば、日本の弥生時代の甕棺《かめかん》から『古代南インドの象形文字』が発見されたこと。日本で発見された古代岩文字ペトログラフが、シュメールやハワイで発見された文字と共通であること。古代シュメール文字やバビロニア文字、ギリシャのピロス文字などが、西日本一帯において続々と発見されていること。ボリビアで見つかった古代文字が、日本の神代文字で読み解けたこと等々。さらには、漢字の源となった殷字、すなわち象形文字が日本由来である可能性があるというのですから、これは本当に驚くばかりです。漢字の基は日本から中国へ伝わっていた、というのですから。これらの諸説を受けて長堀先生は、次のように語ります。

つまり、超古代の日本人が世界各地と交流していた形跡が見られるのです。ただし、それらの発掘物が、世界各地から古代文化を伝えた部族が集団で日本列島に渡来し、それぞれのルーツを伝える文字を岩に刻み込んだものなのか、逆に日本で発明された古代文字が世界各地に伝えられ、そして定着し完成するに至った形跡を示すものなのか、この辺については今のところ定かではありません。つまりは、日本列島が、古代文字発祥の地だった可能性もあるのです。

文字というのは、文明の大きな要素です。もしかしたら、日本が世界における古代文明の中心的存在であり、日本の文字が海外に伝わっていた……なんと大胆な、そしてロマンティックな長堀先生の発想でしょうか。

このように、古代世界における日本のグローバルな交流を示唆する古代文字ですが、「記紀」以前に、日本には文字は無かったというのが今の通説です。それは、書き記された文献という形でそれらの神代文字が遺されていないからです。なぜ、残っていないのでしょうか。長堀先生によると、日本の古代文字はある時に歴史の闇に葬られたようなのです。なぜ、それらの文字は消されなければならなかったのか。その理由は、以下のように推測されます。

白村江の戦い（663年）で日本は唐に敗れたのですが、飛鳥時代の日本は一時唐による占領状態に置かれ、その過程で占領軍による支配を強めるために日本の文化である文字が消されたというのです。つまり、秦の始皇帝による「焚書坑儒」の流れをくむ思想弾圧が行われたのです。実際に「記紀」以前の歴史を振り返った時、これらを日本最古の文献とすることには、どう考えても無理があります。GHQによる戦後日本のマインドコントロールのような試みが、遥か昔にも行われていたようです。歴史は時の権力者の意向を反映し、時には書き換えられ、時には封印されるようです。しかし長堀先生は、歴史の封印を解く鍵は随所にあり、例えば島根県の「荒神谷遺跡」には、出雲を舞台にした神話の世界を読み解く鍵があると語ります。この他にも、長堀先生や矢作先生が別の著書で言及されていますが、日本とキリスト教発祥の地ユダヤとの結びつきを論じた「日ユ同祖論」などは、封印された中世日本の国際性を示す痕跡かも知れません。いずれにせよ日本の古代～中世にかけて、我々が知らされていない華麗な歴史、そして世界との繋がりがあったようです。長堀先生は言います。

「私たち日本人は、今こそ、戦後教育に根差したマインドコントロールから目覚め、自らの国の歴史、そして民族の魂である神話を見直すべき時を迎えたようです。

日本人の意識の高まりが、必ずやこの国の古代における華麗なる歴史を明らかにしていくであろうことを信じています」

民族の神話を共有すること、そして民族の歴史を正しく知ること。これは、自分たちの真の姿を認識するという意味で、これから世界で活躍する日本人にとってとても重要なことだと思います。

コラム

インドネシア独立戦争

長堀　優

かつて、太平洋、インド洋を結ぶ広大な地域に、ポリネシア人がつなぐムー文明があった、その文明圏に、日本も含まれていたのではないかとの推測を、第3章でご紹介しましたが、その太平洋とインド洋に跨る交流の要衝とも言える場所に位置するのがインドネシアです。

実際に、インドネシアでは、日本の高床式倉庫そっくりの建物が今でも使われており、稲作や埋葬の風習もよく似ています。浦島太郎のあの腰蓑も、南太平洋地域と共通の風俗です。ひょっとしたら、古代における日本と太平洋地域の親密な海路交流の名残りを示しているのかもしれません。

じつは、このインドネシアでは、先の大戦において、日本人がぜひ知っておかなければならない歴史的な事件が起きているのです。このコラムでは、その出来事について、他国人の視点を通すことにより、できる限り客観的に描いていきます。

はじめに申し述べておきますが、私は戦争を美化するつもりは一切ありません。戦闘行為である以上、醜悪な振る舞いも当然あったはずです。ですから、いかなる戦争も決して正当化されるべきものでないことはいうまでもありません。この点を強調した上で、本題に入らせていただくことに致します。

さて、このムー文明が結ぶご縁からなのか、ジャワ島には、「いつか北方からやってくる黄色い民が、白人の大君主を追い出してくれる」との予言があったそうです。そして、この予言を成就させるかのように、インドネシア独立戦争において、インドネシアの部族と日本人は実際に協力し合うことになるのです。

日本軍が、戦時中にオランダからの解放をもたらしたインドネシアは、日本の敗戦後、今一度再植民地化を目指すオランダ軍と戦うことになります。しかし、この戦争にインドネシアが勝利する立役者となったのは、義勇軍出身者でした。義勇軍というのは、日本軍が戦争中にインドネシアに行った軍事訓練で鍛え上げられた部隊であり、インドネシアの独立にとって最も重要な要素となったのです。

日本軍の設立した青年道場で軍事訓練を受け、義勇軍設立と幹部教育に尽力し、独立戦争中は情報面の責任者として活躍したズルキフリ・ルビス氏は、語ります。

（伊勢雅臣『Japan on the Globe ― 国際派日本人養成講座』より）http://www.mag2.com/p/news/192427（2018年11月現在）

「1942年3月、突然、日本軍がジャワ島に攻めてきました。町が急にあわただしくなってきました。／それまでオランダ植民地政庁はインドネシア人にとって絶対的な力を持っておりましたから、たとえ日本軍が攻めてきたとしても微動だにしないものだと思われていました。しかし、ジョグジャカルタがあわただしくなって数日もしないうちにオランダ植民地政庁は日本軍に降伏してしまいました。ジョグジャカルタでは戦闘もなく、あまりにも簡単にオランダが降伏したので、私たちはびっくりしてしまいました。／インドネシア総督のチャルダは逮捕され、町にいたオランダ人たちもどこかに逃亡した。／それまでインドネシアを支配していたオランダ人がいなくなり、インドネシア人ははじめて自由というものを感じました。大人も子供も訳もなくオランダが敗れたことを喜び、興奮し、やがて日本軍が町や村へ来ると大歓迎しました。インドネシアでこれほど歓迎された外国人は、これまでなかったでしょう」

日本軍がやってきた時、33歳の若さながらイスラム協会の会長として社会改革運動に従事していたハマッド・ナチール氏は、日本軍はオランダ植民地政庁を倒してくれた、しかし単に支配者が交替しただけかもしれない、と疑っていました。

ところが、日本軍はナチール氏の予想もしなかった事を次々と始めたのです。

第1に幽閉されていた独立運動の指導者スカルノ、モハマッド・ハッタを解放し、インドネシア側代表の位置につけました。第2にイスラム教に対する制約を撤廃し、マシュミ（インドネシア回教連合会）を作って、イスラム教の指導者達が初めて直接話ができるようにしました。そして、3番目に行ったことは、インドネシアの教育に力を入れたことでした。

オランダの植民地政庁は長い間愚民政策を採ってきました。

ところが日本軍は、早々に教育に力を入れ始めたのです。戦争でいったん休校になった学校を再開し、3年間の初等国民学校と、さらに3年間勉強できる国民学校を作ったことにより、日本軍がきてわずか1年あまりで、それまでの倍近くの子供が学校に通うようになりました。

日本軍は行政機構への現地人登用を進め、ナチール氏はバンドン市の教育部長に任命されました。そして権限を与えられ、仕事を任せられたのです。これもオランダ時代にはなかった画期的なことでした。

教育に関する日本軍からの命令は、オランダ語の禁止と、日本語、唱歌、教練を含めることだけだったので、ナチール氏はインドネシア人としての自覚を持たせるようなカリキュラムを組んだのです。本格的にインドネシアの歴史を教えるようにしましたが、これもこの国では、はじめてのことでした。

日本の青年訓練所でインドネシアの青年に軍事訓練を施すから希望者は集まれ、というビラが貼り出されました。

数百名の希望者の中から選抜で90名が選ばれました。そこで3カ月の軍事訓練を受けた後、見込みのあるものは、より本格的な訓練を受ける為に、ジャカルタ近郊に新しく設置された青年道場に派遣されました。

青年道場には、インドネシア各地の青年訓練所から選りすぐられた20歳前後の青年が入学し、現場責任者の柳川宗成中尉の訓示を受けました。

訓示の内容は、アジアを解放するために日本軍はインドネシアに来たが、独立は自分の力で成し遂げるものである、しかしインドネシアは教育や軍事などあらゆる面で遅れているので、いますぐ独立はできないだろう、日本軍は知っていることをすべて教えるので、1日も早く学んで立派に独立してほしい、というものでした。

青年道場では、朝5時から夜10時まで、軍事訓練、精神訓話、体育訓練、実地訓練などが行われました。精神訓話では、「正直であれ」、「勇気を持て」、「常に前進せよ」の3点を厳しく叩き込まれ、またインドネシアの歴史も初めて学ぶことになったのです。

実地訓練は、教官が自ら率先してやってみせる、という教え方がとられました。中上流の家庭出身者が多い訓練生たちは、農作業の経験もなく、実際に体験しながら自分のものにしていきました。こうして教官と生徒の間の一体感も生まれていきました。

ハマッド・ナチール氏は独立後の首相となり、また青年道場で学んだスハルト氏が大統領となりました。独立は自らの力で勝ち取るものであり、そのための人材育成こそが急務であるという日本軍の方針は、見事に奏効したと言えるでしょう。

1945年8月17日に後の正副大統領スカルノ氏とハッタ氏は急遽インドネシア独立を宣言しました。しかし、オランダは再植民地化しようと軍隊を送り込んだため、インドネシアは4年5カ月もの独立戦争を戦わねばなりませんでした。

この中心となったのが、日本軍によって鍛えられた義勇軍でした。日本軍は彼らに大量の武器を渡し、また1000〜2000名の日本兵が、独立軍に身を投じて一緒に戦い、そのうち400名ほどの人々が戦死しました。ジャカルタ郊外のカリバタ国立英雄墓地にもインドネシア独立の戦士たちとともに11名の日本人が手厚く葬られています。残念ながらこのことを知っている日本人は極めて少ないのです。学校でも、決して教わることはありません。

インドネシア独立に命を捧げた日本人将兵らは、2001年公開の映画『ムルデカ17805』に描かれています。ムルデカとは「独立」、17805とは独立宣言の日付で、皇紀2605（西暦1945）年8月17日の事、日本軍の独立支援への感謝として年号を日本の皇紀で表したのである、と伊勢雅臣氏は語ります。

スラヴェシ島のメナドにおいても、昭和17年日本海軍落下傘部隊が降下、地元民から大歓迎されます。なぜなら、この地にも、ジャワ島と同様に、「民族の危機には、必ず東方の空から白馬の天使が舞い降りて救ってくれる」との言い伝えがあったからです。

この後、部隊長の堀内大佐により善政が敷かれるのですが、戦後堀内大佐は戦犯として処刑されます。しかし、その後のインドネシア独立戦争には、3000人の残留日本兵が参加しました。

さて、日本軍のこのような行為は、かつての敵方オランダからみるとどのようにみえるのでしょうか。

1991年、オランダを訪問した日本の元軍人に対し、アムステルダム市長がこんな歓迎の挨拶をしています。

「あなたがた日本は、先の大戦で負けて勝ち、勝った私どもオランダは大敗しました。いま日本は世界1、2位を争う経済大国になりました。私たちオランダはそのあいだ屈辱の連続、すなわち勝ったはずなのに、世界一の貧乏国となりました。(中略)あなたがた日本は、『アジア各地で侵略戦争を起こして申し訳ない、諸民族にたいへん迷惑をかけた』と自分をさげすみ、ペコペコ謝罪していますが、これは間違いです。あなたがたこそ、自ら血を流して東亜(東アジア)の民族を解放し、救いだす人類最高のよいことをしたのです。

あなたの国の人々は、過去の歴史の真実を目隠しされて、先の大戦の目先のことのみ取りあげ、あるいは洗脳されて悪いことをしたと自分で悪者になっているが、ここで歴史を振り返って真相を見つめる必要があるでしょう。

本当は私ども白人が悪いのです。私どもが100年も200年も前から競って武力で東亜諸民族を征服し、自分の領土となし、植民地や属領にしました。これに対して日本は、長い間奴隷的に酷使されていた東亜諸民族を解放し、ともに繁栄しようと、遠大崇高な理想をかかげて大東亜共栄圏という旗印で立ちあがったのが、貴国日本だったはずでしょう。

すなわち日本は、戦勝国のすべてを東亜から追放してしまった。その結果アジア諸民族はすべて独立を達成しました。日本の功績は偉大です。（中略）自分をさげすむことをやめて、堂々と胸をはって、その誇りを取り戻すべきであります」（久保有政著『日本とユダヤ　運命の遺伝子』）

贖罪意識に深く囚われる日本人にとっては、世界観がまったく変わってしまうような談話です。戦争である以上、戦闘中は、無法な所業もあったことでしょう。しかし、たとえその全体ではなかったにせよ、日本軍のなかにアジア民族の解放を目指した活動を行っていた部隊が存在していたことが、他国の人から語られていることは注目に値します。なんといっても、国際紛争において、このような態度を示した軍隊は皆無なのです。

じつは、日本軍によるこのような活動は、インドネシアだけではありませんでした。

日本軍は、1945年3月に明号《めいごう》作戦を実施し、フランス領インドシナ政府を解体、フランスの植民地支配が終結したと宣言し、ベトナム帝国、カンボジア王国、ラオス王国が成立しました。

アフリカの年と呼ばれる1960年には、アフリカの17か国が独立を果たします。その背景にあったアフリカ人の民族意識の高まりには、次々に独立を果たしたアジアの国々の姿があったのです。

もちろん、このようなことがあったからと言って、戦争は美化されてよいものではありません。繰り返しになりますが、戦争はあってはならないと思います。しかし、日本だけが悪かったのか、アメリカは正義を振りかざせる権利があったのか、違った観点からの検証は是非とも必要ではないでしょうか。

GHQの一員として来日し、戦後対日政策作成に深く関わったミアーズ氏は、戦前における対日経済封鎖のひとつが、日本に対する石油封鎖であったことを認めています（ヘレン・ミアーズ著『アメリカの鏡・日本』）。この施策により、日本は生き残るためにインドネシアのパレンバン油田に侵攻するしかなくなったのです。

パレンバン油田までのアジアの道は、どこも白人の植民地でした。しかし、被植民地人と同じ黄色人の日本軍が、現地人には一発の弾を撃つことなく、その白人軍を、蹴散らしてしまいました。

この出来事は、白人400年の植民地支配に終焉を告げる人類史上の快挙とも評されていますが、後の首相となるハマッド・ナチール氏らの証言は、この見方が決して的外れではないことを裏付けているといえるでしょう。それ以降に起きた有色人種国家群の「独立」は、日本のこの行動なくしてはあり得なかったのです。しかし、それだからこそ、白人社会に逆らった日本は許しがたい存在であり、この日本を未来永劫、支配下に置き、二度と白人に立ち向かえないようにGHQが定めたものが、戦後の数々の占領政策でした。

日本人は、GHQの戦後政策の目論見通り、贖罪意識に苛まれ、誇りと自信も根こそぎ奪われ、心身ともに脆弱化し、考える力を失っていきました。

国防についての意識が薄れる中、現実的な危機が、北海道、八重山に迫っています。

北海道で中国資本に買収された森林や農地などは推定で7万ヘクタール、山手線の内側全体の11倍以上にのぼるとされます。その原因として、産経新聞社編集委員である宮本雅史氏は、我が国には外国資本による土地買収を規制する法整備が出来ていないことを挙げています（宮本雅史著『爆買いされる日本の領土』）。

また、海上保安庁によると、尖閣諸島周辺の我が国領海の外側にある「接続海域」、つまり我が国の裏庭といっても良い地域では、中国の海洋監視船や漁業監視船が、連日のように航行を続けています。２０１２年9月の尖閣国有化後、15年9月までの3年、１０９５日間で、中国公船による接続水域への入域は、計７２９日に上っています。

日本人と同じような考え方をする民族だけが周りにいるわけではありません。日本人の心のすきを狙うかのように、我が国の国境はたいへん危うい状況にあります。

永世中立国のスイスが強力な軍隊を持っていることも、良く知られた事実です。このようなことを書けば、国粋主義者、戦争賛美者と非難されるかもしれませんが、それが世界の現実であることをわきまえる必要があります。

誤解していただきたくないのは、国を護ることは、決して隣国に戦いを挑むことではないということです。

この国を守るのは、まず国民が、この国を大切に思い、誇りを持つことからはじまります。

自国への誇りを今一度回復させるために、まず必要なことは、真の歴史と向き合うことです。私たち日本人は、戦前のインドネシア人と同じように、真の歴史から遠ざけられてしまったのです、そのことすら気付かぬうちに。

神話や歴史という民族の拠り所を、ＧＨＱにより奪われてしまった日本人は、本来の姿を見失い、自信をなくし、思考停止に陥りました。そして、混迷の度合いを深める一方の世界情勢に翻弄され、まるで、逃げ道のない袋小路に追い詰められていくかのようです。メディアが競うようにして、必要以上に繰り返す喧噪により、日本人の不安、落ち着きのなさは増すばかりです。

日本が直面する戦後最大の危機を打開する鍵は、日本人本来の精神性を取り戻すことです。現在の混沌とした危うい状況を乗り越え、より良き社会を築き上げていくための第一歩は、私たち日本人一人一人が、真実を知り、本当の生き方を求め、意識を変えることから始まります。

もちろん、尊大で排他的な愛国心を持つことなど言語道断です。しかし、今の日本人には、自信と誇りを胸に、堂々と世界の中で渡り合っていくことが求められているのです。卑屈になりすぎることなく、主張すべきは主張する、そのような態度も必要になることでしょう。

私たちは、これまで、民族自立に欠かせない大切な精神を奪われ、多くの真実から遠ざけられてきました。かけがえのないものは、当たり前に手に入るわけではありません。一度失ってみないとわからないということを今、私たちは身をもって思い知ったのです。であれば、この先、自分たちの手で取り戻さなければなりません。

国家の独立は、自らの力で勝ち取るものであり、そのための人材育成こそが急務であるとする日本軍の方針が、インドネシアに独立をもたらしたのです。日本人は、今度は、自らの国の真の独立のために、この方針のもとに行動していかなければなりません。

軍事基地と異なり、米国によって行われた都市部への爆撃は、無辜《むこ》の民を犠牲にすることとなり、間違いなく重大な戦争犯罪です。しかし、日本人は、全国の主要都市に徹底的に行われた無差別絨緞《じゅうたん》爆撃や、原爆投下についてさえ許そうとしています。この姿は一見弱腰にも見えます。

しかし、水に流し赦せることとは、勇気を必要とすることであり、誇るべきことと私は感じています。その姿勢を、世界に示すことが今、日本に求められているのではないでしょうか。紛争が極まり存亡の危機に瀕したこの世界に必要なのは、日本人の寛恕《かんじょ》の心、平和と協調の精神です。

世界に誇りうる日本人のこの精神と態度を広げていくためにも、まず日本人が、傲慢でも排他的でもない真っ当な愛国心と自信を取り戻すことが必要なのです。

遥かな昔より、ムーと繋がる言葉と文化を受け継いできたこの日本に住む我々には、かつての自然と調和した生活を取り戻し、世界に広げる責務があります。

エゴと欲が蔓延し、環境破壊と紛争により、破滅へと突き進みつつあるこの世界に、調和に基づいた価値観を提供し、未来への一縷の望みをつなげるのは、私たち日本人だけなのです。奪われてしまった民族の魂と誇り、神話を、歴史をこの手にもう一度取り返せるのか、誇りと自信を胸に、前に進んでいくことが出来るのか、それはひとえに私たち一人一人の思い、すなわち、どれだけこの国をかけがえのないものに思えるのか、にかかっているのです。そして、自らの大切な国や愛する人を護り抜くという志は、人としてまっとうな本能であり、本能を失った生物は、残念ながらこの弱肉強食の世界では命脈を保つことはできません。

まず、日本人は矜持と誇りを取り戻し、何にも代えがたいこの国を愛し、自らの力で守り抜くという気概をしっかりと持ち、世界に向けて、自信をもって日本人の生き方を発信していく必要があるのではないでしょうか。

私たちは、今の日本で為すべきことを約束し、誓い合って、皆でこの日本に降り立ってきているはずです。

その約束を果たすべき時は、今この時なのです。

コラム

矢作先生のこと

濁川 孝志

矢作直樹先生と初めてお会いしたのは、東大病院の先生のお部屋でした。忘れもしない、2012年の初夏です。なぜ覚えているかと言うと、その前年に例の「3・11」、すなわち東日本大震災があったからです。言うまでもなく、3・11がもたらしたインパクトは衝撃的でした。当時はまだその記憶も生々しく、メディアも連日のように3・11関連の話題を報じていたように思います。

私は普段、「ウエルネス」という〝人の生きる意味を問う〟というような内容の講義を担当しているのですが、その講義で学生に『世の中で起こる全ての事象には意味と価値がある。一見ネガティブに見えるような事にも、そこには深い意味が隠されている』などと、さも解ったようなことを述べています。では、あの未曾有の被害をもたらした3・11には一体どんな意味があったのか。想像を絶する悲しみを振り撒いたあの災害に、何の意味を見い出せと言うのか。そう学生に問われた時に、答えに窮しました。答えを見つけようと自分なりに考えを巡らせたのですが、明快な答えは出ません。自分なりの思いはあっても、自信が持てません。あの頃、私のようにその答えを求めていた人は多かったのではないかと思います。そこで、当時『人は死なない』（バジリコ）を出版し、人生の意味や生死の意味、人の生き方などに言及されていた矢作先生に、その答えの一端を求めようと思い立ったのでした。具体的には『3・11を超えて：—僕らはどこを目指すべきか—』というシンポジウムを開催し、そこで矢作先生に3・11の意味について語って頂くというものでした。因みにこのシンポジウムでは、人知を超えた力の存在や、生きることの意味を考えるという趣旨から、この種のメッセージを投げかける映画『地球交響曲』を上映し、この映画の製作者、龍村仁監督にも同じ趣旨で語って頂きました。

　本を読んでいるとはいえ全くの初対面ですし、高名な東大教授にお会いするということもあり私はかなり緊張して先生のお部屋を訪ねたのを覚えています。そんな私を矢作先生は、柔和な笑顔で迎えてくれました。お話し頂いたのは小一時間ほど。それも、あっと言う間に過ぎました。せっかくだから、あれも聞きたいこれも聞きたいなどと思っていたはずなのですが、シンポジウムへの出席を快諾頂いたほかは何を話したか覚えていません。はっきり覚えているのは、話を終えお部屋を辞する時、先生は東大病院の玄関口までわざわざ私を送って下さり、しかも頭を下げてお見送り頂いたことです。そんなお気遣いを頂いてこちらは逆に恐縮至極だったのですが、先生の謙虚なお人柄に接することができた嬉しさと、シンポジウムが成功するであろうという期待感から、東大病院からの帰り道、私の心がとっても清々しい気持ちに満たされたことを鮮明に覚えています。もう一つ、私が書いた本に対する推薦文を頂いた時のことは感謝と共に忘れることができません。私が書いたとある本の推薦文を、ダメ元で先生にお願いしたことがありました。推薦文を書くのは、エネルギーを要する作業です。中身を全部読んで、著者の言わんとするポイントを的確に捉え、なおかつそれを読者に魅力的に伝えなければなりません。先生は「良い本を書きましたね。何字くらいで書きましょうか」と言って下さり、僅かな時間でこちらの要望通りの字数で文章を書いてくれました。しかもその内容が、ものの見事に私の言いたかった事の核心を突いていたのです。あれには感服しました。細かいところまで一字一句逃さず読み込んで書いてくれたのが、著者の私には解りました。ご自分の睡眠時間を削って丁寧にこれを書いて下さった先生の誠実なお人柄に感動し、心底嬉しかったことを覚えています。当時矢作先生は東大の教授を務める傍ら医学部附属病院救急部・集中治療部部長という要職に在りました。そこで、不眠不休で働いていました。〝不眠不休〟と書いたのは大げさでも何でもなく、昼間は病院勤務、夜は徹夜でご自分の研究、2~3日連続で徹夜をするというのは当たり前で年間の労働時間は6000時間を超えたそうです。国が定める年間労働時間の上限が2000時間程度ですから、これだけ見ても異常な働きぶりが伺えます。つまりは、ご自身の眠る時間を削るほど多忙を極めていた訳で、それを思うと、もしかしたら理不尽なお願いの数々だったのではないかと、改めて恐縮してしまう次第です。

矢作先生が東大病院でなさった多くのお仕事の中で、とても重要だったことの一つに、「病院内にコードブルーを敷いた」ことが挙げられます。コードブルーというのは一刻を争う緊急事態、緊急患者などが発生した時に、出動可能な複数部局のスタッフが瞬時に集まり、協力して事態に対応するシステムの事です。『人は死なない』を読んで驚いたのは、かつての東大病院の評価として、病院スタッフは身内の誰かが病気になった時に、「東大病院だけには入れたくない」という評判があったそうです。天下の東大病院ですから、にわかには信じ難いことです。しかし、先生がそう書かれているのですから、事実だったのでしょう。先生は、このような状況を改善するため病院改革に邁進されました。その甲斐あって現在では逆に、「身内の者を安心して入れたい病院」に生まれ変わったそうです。先のコードブルーの確立も、その改革の一つでした。

『人は死なない』に記されたことは、現役の医学部教授が書く内容としてはかなり異端です。タイトルの〝人は死なない〟とは、人間の肉体は死滅しても人間の本質である霊魂は不滅である、すなわち〝人は死なない〟、とする考えを表したものです。もちろんここに書かれている事柄は、霊魂の存在や輪廻の可能性だけではなく、むしろ内容の本質は、霊性の重要性をベースとして人間の〝生きる意味〟、〝本来の生き方〟などを説いたもの、と私は解釈しています。しかしそうであっても、EBM（evidence-based medicine：科学的根拠に基づいた医療）が発想の根幹を成す医療の世界にあって、現場の医師があの世の存在や、目に見えない世界の存在を一般に向けて堂々と肯定するのは大変なことだったはずです。病院内や学会では相当な風当りだったことでしょう。それでも、先生が医学の世界で排除されず素晴らしい業績を残されたのは、命を削って成された先生のお仕事ぶり、実績、お人柄がそのような雑音を吹き飛ばしたのだと思います。

矢作先生は無私の人です。もちろんお金の持つ力は認めているのでしょうが、個人的な蓄財にはほとんど興味が無いように見えます。その証拠に、東大在職中は自分の家を持たず常に大学病院暮らしで、車は持たず、派手に装う事もなく、お酒や美食にも興味が無いと言います。因みに先生は、牛、豚、鶏などのいわゆる肉は食べません。財産は多数の蔵書くらいだと言います。何となく、私が心から敬愛する宮沢賢治の「雨ニモマケズ」に出てくる〝デクノボー〟を彷彿とさせます。余談になりますが、宮沢賢治も霊の世界が見えていたようで、それがあの素晴らしい作品の数々に反映されていたのです。もちろん、矢作先生がデクノボーである訳はないのですが、無欲な所と質素な生活を旨とするあたりはそっくりです。

そんな矢作先生は、若い頃登山にのめり込んでいました。私自身も学生時代から現在に至るまで、登山を趣味として続けています。しかし、矢作先生の登山は、尋常な山登りではありません。単独で厳冬期の北アルプスの主稜線を30～40日かけての縦走計画。後立山連峰の白馬岳から槍ヶ岳を通り最終的には南岳辺りまで歩く計画だったそうで、これは登山経験者なら解りますが、比較的安全な夏場でも普通できません。というより、普通そんな無謀なことは考えません。なにせ冬場は、途中で食料補給ができません。そのため、一か月分以上の食料、燃料、テント、寝袋、ピッケル、アイゼンなどの登山用具を一人で背負うわけで、ザックは異常な重さです。平坦な道を歩くのでさえ、よろけてしまう重さです。ましてや厳冬期の北アルプスでは猛吹雪は当たり前で、難しい岩稜もあり、そこをたった一人で行くわけですから、文字通り命懸けになります。夏は夏で、日本有数の岩登りのメッカである穂高岳屏風岩をフリーソロで登ったようです。屏風岩というのは、この山域に聳える約300mにも及ぶ大岩壁です。そしてフリーソロというのは、自分の身を確保する支点を一切取らずに登る方法で、一度足を滑らせれば、それは即ち墜落を意味します。つまりはこれも、命懸けの登山です。そんないつ墜落してもおかしくない登山を続けていた先生は、やはり墜落しました。冬の北アルプスの稜線から1000mも滑落しているのです。しかも2回も。普通は死にます。しかし、先生は2度とも助かっています。なぜ助かったのか。それは、先生は死ぬことが許されない存在だったからだと私は思います。矢作先生は、混迷する今の時代にあって特別な使命を託された人です。大きな分岐点を迎えているこの時代に、我々が道を誤らないための羅針盤として出現した人です。先生言うところの〝宇宙の摂理〟が遣わした魂だと思うのです。だから、簡単に死ぬことは許されない。因みに、この2回目の滑落の時に、先生は霊聴を聞いています。誰もいるはずのない山中に響き渡った『もう山には来るな』という声だったそうで、それ以降先生は憑物が取れたように登山熱が冷めたと言います。やはり宇宙の摂理は、先生の使命を全うさせようと働いているようです。

現在は東京大学を退官され名誉教授となった矢作先生ですが、最近になって、日本や日本人の在るべき姿に関して多くのメッセージを発信しています。そこでは、天皇陛下を戴いている日本の特性や日本人の在り方、世界の大きな枠組みの中での日本の立ち位置や役割、歴史的背景を基に考察した日本人の進むべき方向性などを示唆しています。そんな先生に、本書でも忌憚のないお考えを語って頂きました。劣化しつつある日本と日本人が今後進むべき道を誤らないように、先生のご意見が貴重な処方箋となることを願います。

第4章　疲弊しつつある現在の日本

現在の日本の国体（アメリカの支配下）、憲法、教育（道徳の劣化）

――――矢作 直樹

今まで幾多の方々が述べてこられたように、第二次世界大戦の敗戦後、我が国は米国の支配下におかれ、それは現在まで続いています。

敗戦後ＧＨＱが我が国の体制をことごとく改変し（『天皇の国　譲位に想う』青林堂）、安全保障・司法・政治外交・金融・経済産業・知財・情報などありとあらゆるところを押さえています。

日本が正常にもどらない要因はこのように大掛かりな国柄の改変だけではなく、もっとも大きな影響を与えたのは、一般国民という民間人を対象におこなわれた〝War Guilt Information Program〟（戦争についての罪悪感を日本人の心に植えつけるための宣伝計画）に基づく洗脳です。これはポツダム宣言第10条（言論・宗教及び思想の自由並びに基本的人権の尊重）に違反しているだけではありません。本来、洗脳は諜報の世界でさえも御法度でした。それが、敗戦後は、サンフランシスコ講和条約発効まで日本人全般に対して公然と行われました。

日本人に「大東亜戦争は人類に対する犯罪行為であった」という贖罪意識を植え付け、日本人の矜持と自尊心を奪い、日本古来の精神文化を葬って、日本が再び米国および連合国の脅威とならないよう、徹底的に無力化・弱体化し、米国に従うようになることを狙って様々な宣伝工作をしました。

具体的には、『日本新聞遵則（プレスコード）』（SCAPIN-33　9月19日発令）、『日本放送遵則（ラジオコード）』（SCAPIN-43　9月22日発令）、『新聞と言論の自由に関する新措置』（SCAPIN-66　9月29日発令）により徹底的な言論統制を行いました。

以下のような対象は検閲により削除または掲載発行禁止とされました。

(1) 連合国最高司令官総司令部（ＳＣＡＰ）批判
(2) 極東軍事裁判批判
(3) ＳＣＡＰが憲法を起草したことに対する批判
(4) 検閲制度への言及

(5) 合衆国に対する批判
(6) ロシアに対する批判
(7) 英国に対する批判
(8) 朝鮮人に対する批判
(9) 中国に対する批判
(10) 他の連合国に対する批判
(11) 連合国一般に対する批判
(12) 満州における日本人取り扱いについての批判
(13) 連合国の戦前の政策に対する批判
(14) 第三次世界大戦への言及
(15) ソ連対西側諸国の「冷戦」に関する言及
(16) 戦争擁護の宣伝
(17) 神国日本の宣伝
(18) 軍国主義の宣伝
(19) ナショナリズムの宣伝、(20) 大東亜共栄圏の宣伝、(21) その他の宣伝、(22) 戦争犯罪人の正当化及び擁護

(23) 占領軍兵士と日本女性との交渉
(24) 闇市の状況
(25) 占領軍軍隊に対する批判
(26) 飢餓の誇張、(27) 暴力と不穏の行動の煽動、(28) 虚偽の報道、(29) SCAPまたは地方軍政部に対する不適切な言及
(30) 解禁されていない報道の公表

また、洗脳工作の一端として、昭和20年11月13日に、昭和21年中に各家庭にラジオを置けるよう製造販売を督促しました（SCAPIN-277）。その数はなんと400万台です。

昭和20年12月8日には、GHQのCIE（民間情報教育局）作成による『太平洋戦争史』の連載が新聞各紙で連載開始されました。昭和20年12月9日ラジオ番組『真相はこうだ』が開始されました。その内容は、〝軍国主義〟と〝国民〟との架空の対立関係を導入し、悪い〝軍国主義〟が善良な〝国民〟を戦争に駆り立てたとすることで、今次大戦での日米両国の全責任を〝軍国主義者〟とそれを成り立たせた旧秩序に押っ被せようという意図です。

この洗脳に加えて、これから述べていくような強制がなされました。

『公職追放令』により、わが国の各界の指導的立場の人々20万人に及ぶ公職追放がなされ

ました。したがって以後日本はＧＨＱにとって都合のよい人間が国の舵取りをする立場になりました。

『人権指令（政治的、公民的及び宗教的自由に対する制限の除去の覚書）』により、思想、信仰、集会及び言論の自由を制限していたあらゆる法令の廃止、内務大臣・特高警察職員ら約４０００名の罷免・解雇、政治犯の即時釈放、特高の廃止などを命じました。

ＧＨＱが、日本の戦闘意欲を支えた原因を戦前の教育にもとめ、この教育体制を解体するために『教育に関する４つの解体指令』を出しました。

まず、「日本教育制度に対する管理」では「軍国主義的及極端なる国家主義的イデオロギーの普及の禁止」を謳いました。そして占領政策に対して批判的な者を教育界から徹底排除する一方で、占領政策に協力する自由主義者や反軍的な者などを教育界に送り込みました。「教育及び教育関係官の調査・除外・認可」により教職追放を、「神道指令」により神道にかかわる教育・行事・支援が禁じられました。また、「修身・日本歴史及び地理停止」で、すべての学校における修身・日本歴史・地理の授業が停止させられました。

その後、マッカーサーの要請により来日した米国教育使節団が、１か月の滞在中に日本教育委員会の協力のもとに日本の教育制度を調査しました。そして、「教育の民主化」のための勧告を盛り込んだ報告書をマッカーサーに提出しました。これが戦後教育の再建指針になりました。その内容たるや我が国の伝統を無視して彼らの理想とする「個人の価値」の尊重に傾いたものでした。

国際法上、占領下にしてはいけないことのひとつとして憲法の改正がありました。日本に対して非常に厳しい態度の国々が参加する極東委員会の発会前に骨子を作っておきたかったマッカーサーの「憲法の自由主義化」指令により、憲法改正が強行されました。できあがった「日本国憲法」は、生命体としての国家が独力で自存することを前提としないものです。

また、勝者による事後法により一方的な〝審議〟をして、戦争中の行為の責任をすべて敗戦国日本になすりつける東京裁判なる私刑が行われました。

さて、戦後30年の昭和50年9月の昭和天皇・皇后両陛下の御訪米により日本はやっと米国の最恵国待遇国になりました。しかし、米国政府からみれば同盟国とはいいながら実際は、日本政府はまったく信用されてきませんでした。

詳細は、拙著（『天皇の国　譲位に想う』第4章：米国政府は日本政府をどのように見ているか）に譲るとして、東西冷戦下、双子の赤字を抱えていた米国のドナルド・レーガン大統領が昭和58年1月に訪米した中曽根康弘首相に防衛力増強を強く要請したにもかかわらず、日本国内の鈍い反応を代弁して首相は大統領の要請に応えられませんでした。あらかじめ日本政府の弱腰を予想していた大統領は、この2年前にソ連と不仲になっていた中華人民共和国と手を組むようはじめから接近していました（昭和56年9月22日のNational Security Decision Directives [NSDD] 11：「中華人民共和国への援助・技術供与」）。

また、米国が日本に対して自立しないように網掛けしながら都合よく使おうとしていたことが昭和57年10月25日のＮＳＤＤ62：「米国と日本との関係」から明らかです。

安全保障面で米国は、

○日本は西側の国だが核開発をさせない
○可及的に自国の領土、周辺海域と空域、と１０００マイルにわたるシーレーンの範囲の防衛力を増強させる。米国は日本が日本から遠く離れたところでの作戦能力を必要としない
○日本の海外支援を含めた〝包括的安全保障〟の方針を受け入れさせ、戦略的に難しい地域への支援を増強させる
○最大限米国から調達させることで米日の相互運用を維持するが、日本が独立できるシステムを開発しようとしないようにする

○日本を含め、軍事的な優勢を高める為に同盟・支援国に軍事面に於いても先端技術を導入し対ソ包囲網を構築する。

経済面では、

○日本に経済の門戸を開放するよう求める

○日本の金融市場を開放し、米国の投資銀行・証券会社・保険証券を扱う会社への制限を最小限にとどめる

○ソ連への抑制と国際輸出信用からの非助成のため日本との強い協力体制の維持を促す

○米国の会社を日本の会社と同じように扱う（内国民待遇）よう、また投資手続きの透明化を要求する

○日本の高度技術開発に米国企業の参加を認めさせる、米国の高度技術をもつ会社を財務省にアクセスさせる、米国企業が日本の高度技術を持つベンチャー企業への長期に亘る投資ができるように要求する（借地抵当権：著者注）

○反共主義の立場から日本とソ連の協力関係におけるソ連への技術流出の問題に注意喚起する、特に日米の技術を守るために適切な施行を求める

○当時斜陽化しつつあった米国経済活性化と世界再進出の為に、米国の漁業割り当て権

を米国の漁業輸出への徹底的な関税および非関税障壁の改善のために用いる（徹底的に経済活性化（米国の世界再進出）：著者注）

○民間航空の関係を安定させる、新しい民間航空合意を築くよう努力する。

日米間の協力を維持構築するために、そしてその関係の転換に先んじるために米国は、

○当時の米国の国家安全保障戦略は、実際には西側諸国に強靭な自由主義に同調させ、西側諸国を謂わば米国の舎弟分とし、代償として米国は西側諸国を保護する戦略があった為、外交、経済目標が無神経な扱いという印象を与えないよう努力させる

○日本をＮＡＴＯ連合と同じレベルで遇する（(a)直近にして最も牽制していたソ連（当時）に対して差を見せつける為に弱さを一切見せつけさせない為。(b)大量破壊兵器に対する牽制。：著者注）

○西側諸国及び同盟国を米国に寄せるべく、お互いの利益になる領域においてあらゆるレベルで頻繁な交流を維持する

○米国政府の省庁の言うことがひとつになるよう整合性を高める。国家安全保障問題担当大統領補佐官がこの調整の任に当たる。事実この概念は後の歴代政権により、グローバリゼーションという概念として引き継がれる基盤となった。

現在、日本銀行から通貨を発行するにあたり、千円札1枚にいたるまで米国の承認を必要としています。一方日本は米国の財務について国債などを通じて膨大な額を支えています。つまり、財務に関して日本と米国は互いに不可分の関係となっています。いわば頭や手足はべつべつだが体が結合している結合双生児のようなものです。

したがって日本が安全保障上自立することができたとしても米国が日本を手放すことは考えられません。つまり、戦前のように日本が独立国にもどることは事実上非常に困難です。

そこで我々がとる道は、今のまま米国に抱きつき続けている間に慈悲・調和・感謝の日本のこころを米国に感染させ、やがて米国民を逆洗脳させるのがよいかと考えます。双方の国民の魂の学習の進み具合が違うので、それには長い時間を要すると思われますが、他に現実的に進め得る道はあるでしょうか。

世界を支配する正体

国際政治では、歴史は政治の手段として使われる

歴史家のアーノルド・トインビーが「人は歴史を学ぶ、しかし歴史からは何も学ばない」と言ったのは至言だと思います。今に始まったことではなく、また日本人だけが「学ばない」というわけでもないでしょう。しかしながら、やはり歴史から学ばねば悲劇は繰り返され、大切なものが失われてしまいます。

ここで注意すべきは、歴史から学び、そのとき「もしこうしていたらどうなっただろう？」と後ろ向きの仮定をするのではなく、これからどうするかを考える前向きの思考が必要だということです。その前提として、今私たちがあるのは、両親を含めたご先祖様と、生活を成り立たせてくれた郷土、そしてこの郷土に生きたご先祖様の活動の軌跡である歴史があるからなのは言わずもがなです。歴史を知り、ご先祖様・郷土への感謝と矜持を持ち、前向きに考えていきたいものです。

また、とくに重要なのは、「国際政治においては、歴史はあくまでも政治の延長です。歴史は事実かどうかが問題ではなく、あくまで政治の手段として使われる」ということを肝に銘じておくことです。

つまり、私たち自身は歴史の真実を知ることで、自存自衛のための確固とした考えを持ち、不確かな歴史認識のまま他国の人たちに不用意な発言をして国益を失してはならないのです。

これらのことを踏まえ、本章以降では次の4点について共に考えていきたいと思っています。

①世界に影響を与える国際銀行家の存在とは?
②明治維新から第二次世界大戦における国際銀行家による誘導とは?
③連合国軍最高司令官総司令部（GHQ）の占領政策によって日本国民は思想的に骨抜きにされたのか?
④戦後教育においても次世代の思想的骨抜きが行われている?

国際銀行家およびその影響の大きい米国は、日本を開国させて以降、日本人が天皇陛下の存在を忘れ去ってしまうよう画策してきました。一方、皇室を維持させようとしてきた側面もあります。目的は、一君万民として一枚岩でやってきた日本の強固なシステムを瓦解させ、国際社会に引きずり出し利用することにあります。

そこでここでは、列強を動かしていた国際銀行家による近代の歴史と、敗戦後の日本の仕組みを改変していく実情を概観し、このような事実を認識することで憲法をはじめとして国の仕組みを立て直す契機にしたいと思います。

主権国家を超えて、強大な力をもつ国際銀行家とは？

国家の経済構造を人体の循環器になぞらえてみると、中央銀行は心臓であり、一般金融機関は血管であり、そして通貨は血液だと言えるでしょう。国民が生きていくうえで適切な通貨量の流れは不可欠であり、そのためにも適切な通貨を国民のために発行する中央銀行の健全な運営は絶対条件となります。しかし今、世界の列強を見渡すと、どの国も本来国民のものであるはずの中央銀行は純粋にその国の人たちのものではなく、国際銀行家と言われている人たちの影響を受けるものになっています。

この国際銀行家で代表的なロスチャイルド家は、18世紀にフランクフルトのユダヤ人両替商マイヤー・アムシェル・ロートシルトがヘッセン＝カッセル方伯ウィルヘルム九世の遺産管理を任され、そして5人の息子たちをヨーロッパ中に派遣して国境を越えた両替商支店網をつくったのを発端としています。彼らはその後、ヨーロッパ王室の金庫番として、戦争など国家にとって多額の金が必要なときに金を貸すことで莫大な富を築いてきました。それが高じて、今では彼らが結束し、世界の政治経済に大きな力をふるっていると言われています。金は想念と同様に強いエネルギーを持ち、水と同じで世界の隅々までどこへでも流れてゆくので人を動かす力も情報もついていきます。

もちろん、正式名称として「国際銀行家」という表向きの組織があるわけではありません。国際銀行家がどのようなものかについては、1913年に全国準備機構法（オーウェン・カーター法）案に署名して、米国の中央銀行である連邦準備制度（FRS）を彼らの手に渡してしまったウッドロー・ウィルソン大統領が死の直前に残した述懐が端的に示してくれています。

「私は一番不幸な人間です。私はうっかりして私の国を滅亡させてしまいました。大きな産業国家はその国自身クレジットシステムによって管理されています。私たちのクレジットシステムは一点に集結しました。したがって国家の成長と私たちのすべての活動はほんのわずかの人たちの手の中にあります。私たちは文明化した世界においての支配された政府、ほとんど完全に管理された最悪の統治の国に陥ったのです。もはや自由な意見による政府、信念による政府、大多数の投票による政府はありません。小さなグループの支配者によって拘束される政府となりました」

少し前に、住宅バブル（サブプライムローン）崩壊から始まった金融危機が世界を席巻しましたが、この原因は1987年から2006年1月までFRB（連邦準備制度理事会）議長を務めたアラン・グリーンスパンの数度にわたる金融緩和にあります。2008年3月20日のワシントン・ポスト紙のインタビューで、長期（この間経済は平均4％も成長していた）にわたって1.0％という低い政策金利を続けた理由を問われたグリーンスパンは、「FRBのせいではない。global forces（全世界的に力を及ぼす勢力者たち）が長期の低金利を続けさせ、住宅バブルを加速させた」と答えました。

米国政府から独立して金融政策を実施する連邦準備銀行（FRB）のトップに圧力をかけられる者など、建前上はいません。しかし、彼は「FRBの株主＝国際銀行家たち」の力にコントロールされたと告白したのですから、実に驚くべきことです。実際には、毎年ヨーロッパあるいは北米で開催されるビルダーバーグ会議（*）で、ドルの基軸通貨性の維持、通貨量、世界や各国のGDPを決めています。彼らの真意としては、有限な地球資源と人口とを勘案し、世界の安寧と秩序維持するためです。

＊世界的な影響力を持つ政治家や多国籍企業・金融機関の代表やヨーロッパの王族、貴族などの代表者による会議。1954年にオランダのヘルダーラント州レンカムにあるビルダーバーグホテルで開催されたことからビルダーバーグ会議と呼ばれるようになった。会議の出席者のおよそ3分の2が多国籍企業ないし多国籍金融機関の経営者、国際メディア、残りのおよそ3分の1が各国の政治家など。なお、日本は独立国でないことと政治家の程度が低いために原則的には呼ばれないとのこと（関係者談）。

婚姻関係で深く繋がるメンバー達

インドの反グローバル主義者アルンダティ・ロイが2004年8月16日にサンフランシスコのAmerican Sociological Associationで行った講演から引用してみましょう。

「世界を舞台に、主権国家の政府の支配権を超えて貿易と金融の国際機構が監視する多国間の法や合意の複雑なシステムは、植民地化政策も顔負けするような横奪のしくみを揺るぎないものにしてきました。このシステムは第三諸国の国内市場に大量の投機資本（ホットマネー）が無制限に参入し、自由に撤退することを許し、それによってこれらの国々の経済政策を実質的に支配することを可能にしています。資本の逃避という脅しを梃子に、国際資本はこれらの国々の経済をどんどん侵食していきます。巨大な多国籍企業がこれらの国々の不可欠なインフラや天然資源の支配権を握り、鉱産物も、水も、電気も支配します。世界貿易機関、世界銀行、国際通貨基金に加え、アジア開発銀行など、国際銀行家がコントロールする金融機関が、事実上これらの国々の経済政策と議会立法を策定しているからです。ごう慢と無慈悲という最悪の組み合わせによって、これらの機関は、相互に依存した複雑な歴史を持つ、壊れやすい社会に大鉈をふるい、荒廃させます」

現在、世界を動かしている国際銀行家のメンバーのうち表向きの名門としてオナシス家、ケネディ家、デュポン家、メロン家、ハリマン家、モービル家、モルガン家、ロスチャイルド家、ロックフェラー家などがあげられています。このような家々はお互いに婚姻により深い関係を築いてきました。この世界を動かしている人たちはみな繋がっていると言われています。

彼らの行状の一端を例示しましょう。１８３０年代、ボーア人として知られるケープ植民地の農民が無人の内陸を開いてオレンジ自由国とトランスバール共和国を建国しましたが、この不毛の地にダイヤモンドと金の大鉱脈が発見されると、1899年、ロスチャイルド家の意向に沿って英国はこの地に侵入し、やがてアングロ・ボーア戦争となりました。勇敢に戦ったボーア人でしたが衆寡敵せず敗れ、ダイヤモンドと金はロスチャイルド家の代理人セシル・ローズの会社デ・ビアスのものとなり、現在世界のダイヤモンド産出量の9割を独占していることは有名です。

また、先に触れた米国の連邦準備制度（FRS）について見てみます。米国の通貨は、現在12行ある連邦準備銀行で発行されます。この米国の金融の元締であるはずの「連邦準備銀行」は、匿名株主に所有された私設銀行であって、連邦政府のものではありません。つまり、米国の財布の紐を握る者が米国民の民意とは無関係の者であるということです。

米国の全国通貨機構は1912年、国際銀行家の意を酌んだネルソン・オルドリッチ上院議員（娘アビーがジョン・D・ロックフェラー二世の夫人）に従い「全国準備機構法（オーウェン・カーター法）案」を提出しました。そして1913年12月22日、国際銀行家のポール・ウォーバーグやジェイコブ・シフらに支援を受けていたウッドロー・ウィルソン大統領の署名のもと、オーウェン・カーター法が成立して米国の通貨をつくる権利が国際銀行家の手に渡りました。

もちろん、この法律は合衆国憲法第1条8節5項「連邦議会は、貨幣を鋳造し、その価値および外国貨幣の価値を定め、また度量衡の標準を定める」に明らかに反しています。

この法の成立に体を張って抵抗した共和党ルイス・T・マクファデン下院議員は、「公衆の貨幣に対するあらゆる実効支配を政府とその国民から奪い、国民の間に流通する貨幣量を増減させる危険な権限を銀行に対して独占的に付与するもの」と喝破しました。

また、トマス・エジソンは、「われわれの国が3000万ドルの公債は発行できて、3000万ドルの通貨は発行できないというのは何とも馬鹿げています。両方ともに支払いを約束するものですが、一方は高利貸しを肥やすための約束であり、他方は人々を助けるためのものなのに」と糾弾しています。

ちなみに、日本においても昭和57～62年の中曽根康弘首相時代にはじまり竹下、小泉政権で継続された「構造改革」以来、急速に進行しているグローバリズムは、国際銀行家たちの意図を酌んだ米国政府の要請によるものです。そのなかで、わが日本銀行も、米国の連邦準備銀行と同じ運命を歩まされつつあるように思います。

日本銀行は政府から独立した法人とされ、公的資本と民間資本により存立しています。つまり、日本の通貨が日本国民の代表である政府の手が届かなくなる可能性があるということです。資本金は1億円で、そのうち政府が55％の5500万円を出資し、残り45％にあたる約4500万円を政府以外の人々が出資しています。出資者には出資口数を証した「出資証券」が発行されますが、これはジャスダック証券取引所に上場され、株券に準じて取引されています。つまり、お金さえあれば誰であっても買える（＝影響力を行使できる）のです。

フォスター・ギャンブルの告白

2011年11月11日、世界最大の一般消費材メーカーであるプロクター＆ギャンブル（P＆G）を創業したギャンブル家の御曹司、フォスター・ギャンブルは、自身が製作した映画『THRIVE（スライヴ）』を公表しました。従来、国際銀行家たちによる世界の富の独占についての多くの情報は、その内容の壮大さから「陰謀論」とされ、真実性が必ずしも受け入れられてきませんでした。ところが、この映画は、その当事者の一人が、彼らによる富の独占の事実をカミングアウトしたもので、世界に大きな衝撃を与えたのです。

このギャンブルの言う「繁栄」とは、一握りの人たちによる富の独占という現状を、誰でも簡単に手に入れられるフリーエネルギーの汎用化により、誰もが繁栄できるように変えたいとの願いが込められたものです。


この映画の前半の重要な点は「フリーエネルギー」の可能性について言及しています。

そして後半では、マネーの流れはピラミッド状となり、頂点から底辺に向けて「国際銀行家→大銀行（特別の金利で大企業に融資）→企業統治体→政府（課税・支配）→一般の人々」のように還流すると、ピラミッドの頂点にいるギャンブル自身が紹介し、そのいびつさを指摘しています。

さらにギャンブルは、すでに実現可能であるとされるフリーエネルギーが、なぜ普及していないかについて明かしています。いわく、「国際銀行家にとって彼らの握るエネルギーが世界支配の手段のひとつとして大きな役割を果たしてきました。フリーエネルギーの存在はその存在基盤を脅かすことになるため、彼らはその普及を邪魔してきた」、というのがギャンブルの主張です。

そしてフォスター・ギャンブルは映画のなかで、「私たちは何をすべきか」「その結果、現実社会はどうなるか」について以下のような説明をしています。

「私たちにできること」
①情報を得たり、自分の考えを述べたり、他人とつながる場をつくる
②地元の銀行を使う
③責任を持った購入や投資をする
④公正で開かれたインターネットを維持する
⑤独立メディアを支援する
⑥有機・非遺伝子組み換え農業を支援する
⑦追跡可能な紙投票の維持と企業献金の廃止
⑧再生可能なニューエネルギー技術を支持する
⑨クリティカルマス活動（臨界点）に参加登録する

「その結果として実現する社会の姿」
①私たち人間は、生き生きと暮らす世界をつくり出すことができます
②空気と水と食べ物がキレイで、エネルギーと食べ物を地域で生産することができ、

開かれた公正な取引が行われます
③教育は任意で個人のニーズを満たします
④以前より少なく働きながら、より多くの富・資源・安全が手に入ります
⑤「非侵害」は自由意思による自立した体制をつくろうとする私達を導き、一人ひとりを守ってくれます

国際銀行家の深謀遠慮にはほとほと感心させられます。何百年もかけて確実に世界に浸透してきたその想像を絶する信念とエネルギーもあっぱれなものです。彼らの考え方や執念は私たち日本人とはまったく異質で想像を超えたものであることを再認識させられます。

これから述べるようにわが国も幕末維新以来、彼らの影響を受けています。国の在り方もここ30年ほどの間に急速に彼らのいういわゆる「グローバリズム」に呑み込まれつつあります。そこで、フォスター・ギャンブルが掲げる前記の行動指針とともに、私たちは彼らから国富を守るために、通貨を発行する中央銀行である日本銀行の出資者構成が法改正などにより悪いほうに変わらないようよく注目しておくことも重要だと考えます。

日本も、明治維新直前から国際銀行家の影響下にあった

現代社会において、政治と経済は不可分です。世界を動かしてきた欧米先進諸国は、第二次世界大戦前の帝国主義時代にアジア、アフリカを植民地にしました。植民地では、そこに暮らす人々の将来を考えて社会インフラをつくるということはされず、もっぱら搾取が行われたことは周知の事実です。

一方で、ペリーによる開国以前の日本は、他国に迷惑をかけることもなく実に平和に自存していました（例外的に豊臣秀吉が朝鮮半島に出兵したことはありましたが）。それが、1853年のマシュー・ペリーの来航以後、燃料・水・食料補給のための港を欲した米国だけでなく、英・仏・蘭・露の欧米列強からも開国を迫られ、1858年に不平等条約（安政五か国条約：各国に対して治外法権の容認と日本の関税自主権の喪失）を結び開国することとなりました。

帝国主義列強の「力こそ正義」を目の当たりにした日本は、国の存亡をかけてそれまでのよき社会の仕組みを捨て、西洋に倣《なら》い、そして対抗すべく「力の国」造りに邁進します。開国前の江戸末期に日本を訪れた多くの外国人たちが、衣食住が完結し人々が心豊かに幸

福にくらしてきた美しい日本に、西洋人が彼らの重大な悪意を持ち込もうとしている、と懸念したとおりです。

その後、欧米列強に遅れながらも帝国主義を着々と進め、それが西洋諸国の利害とぶつかり、最終的に〝大東亜戦争〟敗戦というかたちで終わりました。

敗戦後の日本は、彼らに二度と歯向かえないように国の仕組みをことごとく改変させられ、米国のコントロール下で生きてきました。米国の日本に対しての要求は、先のペリーによる開国のときと同じように一貫して米国の国益のためになされてきました。

この国際銀行家たちの存在や、彼らにより世界が動かされてきたことを前提とすると、日本もまた明治維新直前から彼らの影響を受けてきたことがわかります。

幕末に日本で武器商人として活躍した英国人、トーマス・B・グラバーは、ロスチャイルド家の銀行のひとつ、HSBC（香港上海銀行：アジア最大の植民地経営のための銀行。英国公使ハリー・パークスと組んで明治新政府の金融政策を指導した）の日本での営業権を得ていました。そして、日本開国の牽引役であった坂本龍馬をはじめ「維新の志士」たちに対して資金提供と強力な指導を行いました。その功績に対し、明治政府は明治41年、外国人としては破格の勲二等旭日重光章を贈っています。しかし、見方を変えればグラバーは強制的に弱肉強食の世界に日本を引きずり込むための下地づくりとして、日本を「近代国家」にするお膳立てをしたとも言えるわけです。

開国にあたり、日本が世界の中でやっていけるよう彼らは近代的金融システムの確立を企図しました。彼らの指導のもと、明治13年に横浜正金銀行が設立され為替取引がはじまりました。さらに、明治15年には中央銀行として日本銀行が設立されました。

日本銀行券には、明治から今に至るまで彼らの象徴、プロビデンスの目が刻印されています。

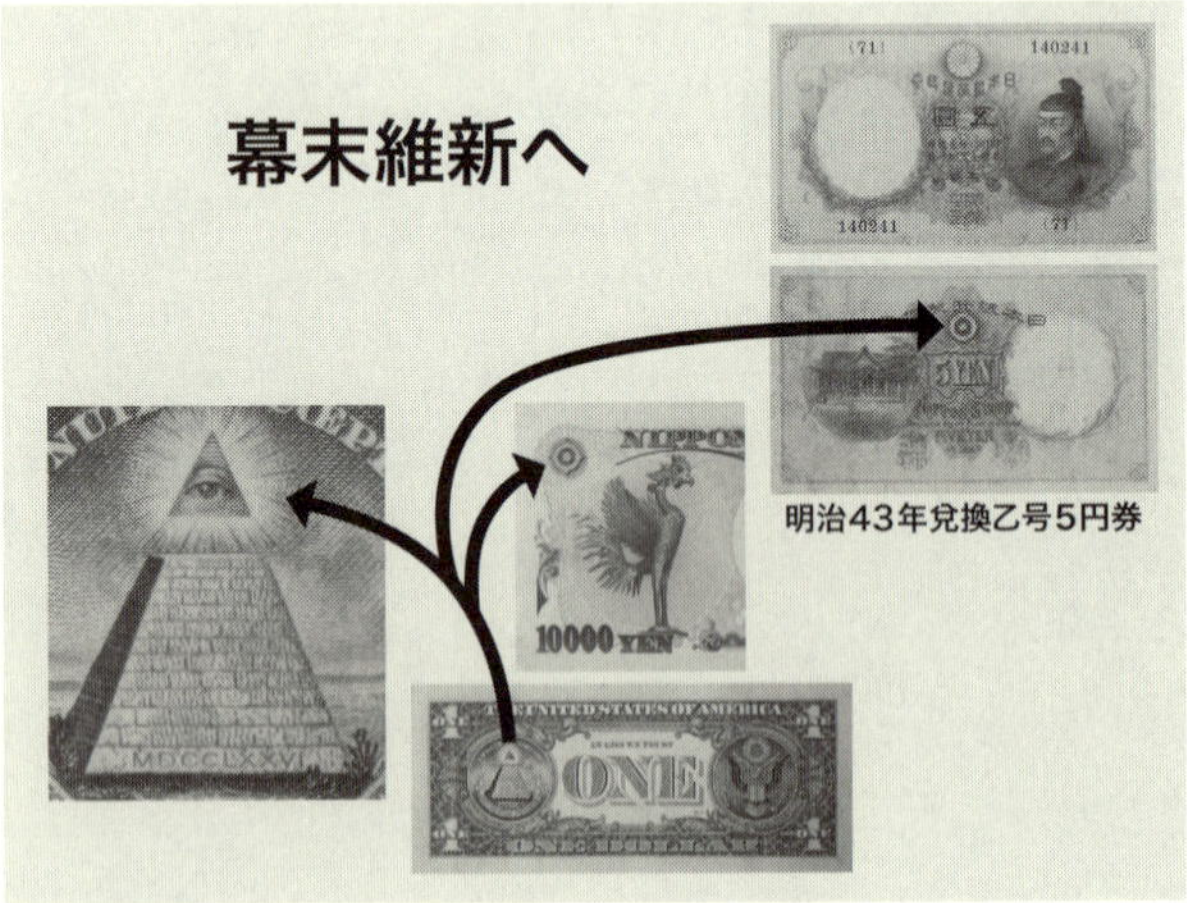

プロビデンスの目が刻印されている日本銀行券

ロスチャイルド家から調達していた日露戦争の戦費

1900年の義和団事件後、満州に居座り朝鮮半島をもうかがうロシアとの間で日露戦争が勃発しました。

日銀副総裁であった高橋是清が苦労して折衝し、日露戦争の外債(全戦費の3分の2)による戦費の5割はドイツ系ユダヤ人ジェイコブ・シフが率いるクーン・ローブ商会から調達しました。しかし、このクーン・ローブ商会も国際銀行家のメンバーです。

ジェイコブ・シフはボルシェビキ革命が進展するようユダヤ人であったレーニンやトロツキー(帝政ロシアでは社会的不満のはけ口としてユダヤ人排斥運動が盛んでした)に資金提供して、ロスチャイルド家と敵対していた帝政ロシアのロマノフ王朝も倒しています。

このロマノフ王朝のアレクサンドル一世は、欧州の国々を巻き込んだナポレオン戦争終結後の1815年9月26日、キリスト教的秩序の回復によるヨーロッパの平和構築を目指してオーストリア皇帝、プロイセン国王と神聖同盟を発足させました。のちに欧州のすべての国家君主がこの同盟に参加。この動きに対してロスチャイルド家は反対の立場を表明し、やがてロマノフ王朝打倒に動いたと言われています。

また、国際銀行家が世界統一（イスラムは除外）維持のために、競合する組織や国家を潰すやり方の特徴には、資本主義国と共産主義者の両方に資金提供する「正と反」を同時に行うことがあります。ふたつを争わせて消耗させることで、第三者である自らの立場を結果的に押し上げる。これほど巧妙な戦術はなかなかありませんし、そもそも莫大な資本がなければ不可能です。


たいへん重要なことですが、天皇家はこれらの勢力と無縁というわけではありません。なかでも、ロスチャイルド家とは親しい関係にあられると言われています。たとえば、昭和天皇から叙勲されたエドモンド・ロスチャイルド（イスラエル建国に多大な寄与）の娘である声楽家のシャーロット・ロスチャイルドと親しい友人から聞いたところでは、彼女は日本文化にたいへん造詣が深く、日本の童謡を歌ったCDを出しています。このシャーロットが友人に「三笠宮崇仁殿下をよく存じています」と語っていたそうです。

また昭和50年、昭和天皇は訪米のおり、ディビッド・ロックフェラー邸を訪れていらっしゃいます。平成19年11月にはこのディビッド・ロックフェラーが天皇陛下を訪問しています。

こういった関係を保っているからこそ、天皇陛下を戴く日本が、国際銀行家が動かす国際社会において一方的に足蹴にされないのだとも言えるわけです。しかし、彼らも決して一枚岩というわけではなく、複雑に絡み合った権力のなかで時には争いに至ることもあります。

巷には「天皇」についてのさまざまな議論があるようですが、そもそも「世界を動かすサークルの中での日本」という視点を欠く話は、本質から逸れてとても危ないものであると思われます。

さて話を日露戦争に戻しますと、財政的にもはや限界に達しつつあった日本は、金子堅太郎（政治家、セオドア・ルーズベルト大統領とはハーバード大学で同窓）や駐米公使・高平小五郎の努力で、セオドア・ルーズベルト大統領の斡旋により日露戦争の講和にこぎつけます。

ところが国民は、日本がもう戦いを続ける余力がなくやっと日露講和条約にこぎつけた実情を知らされなかったために、講和条約で賠償金を取れないなど予想外に厳しい内容に対して怒りを爆発させ、日比谷焼き討ち事件をはじめ各地で暴動が起こり、厳戒令が発令されるまでになりました。その後も国民の怒りは収まらず、その視線はこの講和の仲介役をした米国にまで向けられ、東京の米国公使館が襲撃の対象となったことから、米国の世論は反日の方向へと傾いていきます。

話は若干遡りますが、1898年にハワイを謀略と力で併合した米国は、次に狙うアジアで我が国との植民地争いになることを見越していました。ハワイ併合の前年1897年に海軍次官に就任したセオドア・ルーズベルトは、就任早々対日戦を想定した「オレンジ計画」の立案を指示しました。日本では知日派あるいは親日派とみられたむきもあるルーズベルトはしっかりした現実主義者でした。

このころ、清朝の混乱に乗じて英独仏露の列強が、シナ大陸における利権を手にしていましたが、これに乗り遅れた米国は、自分も利権を欲して1899年に国務長官ジョン・ヘイが、シナ大陸における「門戸開放、機会均等、領土保全」の三原則を列強に示しました（この方針は本質的に21世紀の今も変わらない）。そして、戦争中から戦時外債を引き受けて日本を援助した鉄道王エドワード・H・ハリマンが、日露講和条約締結直後に来日して、多額の財政援助を持ちかけ、南満洲鉄道の共同経営を桂太郎内閣に申し込んだのです。

これに対し、アメリカの力を満洲に引き入れたほうが今後のロシアとの対抗上も有利と判断し、桂太郎首相は明治天皇の内諾も得て予備協定（桂ハリマン協定）を成立させます。このハリマンの資金協力者もクーン・ローブ商会です。

ところが、ハリマンと入れ違いにポーツマスから日本に戻った小村寿太郎外相は、国民感情を慮《おもんぱか》って一転、この協定を破棄し、ハリマンを激怒させます。親日といわれていたセオドア・ルーズベルト大統領は、日露講和条約締結に至る日露の和平交渉への貢献が評価されて1906年のノーベル平和賞を受賞しましたが、ハリマンの一件もあり彼の対日感情もまた悪化していきました。

日本の態度から米国は、「日本は経済進出から徐々に膨張し、やがて公然と侵略に移るので〝門戸開放政策〟維持のために戦争準備が必要」と予測しました。そして、先の「オレンジ計画」のシナリオを第一次大戦の勃発する1914年までにほぼ完成させました。

距離と地理の尺度により三段階で考えられました（1906〜1914）

第一段階　日本による米国の前哨基地攻略
　→石油・重工業原料の確保

第二段階　米国による西進。中部太平洋地域における消耗戦
　→日本の補給路を遮断

第三段階　アジア大陸海岸線に並行な島嶼《とうしょ》を北進
　→日本の輸入路を遮断・日本本土の空爆

実際には、第三段階で海軍案が採用され、太平洋の最短コースになる島嶼を蛙飛び（＊＊）

で進み日本本土爆撃に至った点を除き、ほぼこの通りに実行されました。

＊＊なるべく早く日本本土に到達するために、爆撃機の護衛をする戦闘機の航続距離ぎりぎりの島々を結んで進んでいった。

ルーズベルトの対日戦略に多大な影響を与えたロスチャイルド家

第一次世界大戦は日本人にはあまり馴染みがないかもしれません。この戦争は、史上初の国家総力戦として欧州中が疲弊しました。１９１９年パリ講和会議でのベルサイユ条約により敗戦国のドイツにすべての責任と過酷な賠償を押し付け、ナチスの台頭を許し、それが第二次世界大戦の遠因となったとされています。そして最も重要なのが、世界統一政府のさきがけとなる「国際連盟」が設立されたことです。

しかし国際連盟では、その構成員である国家の主権が制限されるため、米国はこの主権制限に強く反対する共和党議員たちにより孤立主義を建前として加盟を回避しました。この会議を先導したのが、フランスのジョルジュ・マンデル・ロスチャイルド、英国のロスチャイルド家の親戚フィリップ・サッスーン卿、そして米国のロスチャイルド家の代理人でウッドロー・ウィルソン政権の戦時産業局長官を務め、自身も大儲けした辣腕の投資家バーナード・バルークでした。

ここでもまた、他の勢力による統一政府樹立に向けた動き（国際連盟）を潰す、国際銀行家の動きが見られたのです。

1933年3月4日に発足したフランクリン・D・ルーズベルト大統領（自身もユダヤ系）の政権は、ロスチャイルドの影響を強く受けた「大統領の私設顧問団」の考えを斟酌してその政策を採否していたと言われています。そのメンバーの中心的人物は先述したロスチャイルドの代理人バーナード・バルークです。また、ヘンリー・モーゲンソーJr（1934年に財務長官就任）、フランシス・パーキンス労働長官（米国初の女性閣僚）、フェリックス・フランクファーター最高裁判事、サム・ローゼンマン判事など国際銀行家に近いユダヤ系の人が目立ちました。

1930年代後半、欧州戦線の戦局の目まぐるしい推移により、ルーズベルトの対日戦略はなかなか定まりませんでした。基本的には、大西洋のみならず太平洋にも十分な戦力を確保していく「両洋海軍」計画を準備しながら、あくまでも欧州のドイツの動向に注視し、そして慎重に米国世論の動向を気遣っていたのです。

フランスの降伏（1940年6月14日）後に実施された大統領選挙でルーズベルトは3選

にあたって国民に「アメリカが襲撃されない限りは、あなた方の息子を海外のいかなる戦争にも送りこむようなことは決してない」と約束しました。前年9月の世論調査で米国民の97％が欧州戦争参戦に反対していたからです。日本と違って米国では選挙公約は大変重いので、国民はその言葉を信じて投票したのです。

１９４１年6月22日、独ソ不可侵条約を破ってドイツがソ連に侵攻しました。共産主義に同情的なルーズベルトの本意は、ソ連と英国を助けるためにドイツと戦いたかったのです。ところが、選挙公約のために参戦できないので、大西洋でドイツを挑発しました。

しかし、１９４１年11月の時点で、ソ連を征服するまでは米国との戦争を避けると決めていたヒトラーは挑発に乗りませんでした。そこでルーズベルトは、日本に米国を先制攻撃させ、しかもあえて、程よい被害を被ることで米国民を奮い立たせるよう仕向けることにしたのです。

１９３８年の時点で、基礎資源の対米輸入依存度が石油82％、鉱油56％にもなっていた日本を米国が追い込むのは容易なことだったのです。

それを裏付けるように、英国海軍からの情報により、日本が真珠湾への奇襲攻撃計画を実行に移しつつあることが事前に察知されていました。そして、ハワイを除く前線基地に、「ここ数週間以内に日本が攻撃してくる可能性がある」と警告を発しました。奇襲攻撃２日前には、英国海軍本部もルーズベルトに「2日後、真珠湾が奇襲攻撃を受けること」を伝えてきました。

なお、日本に戦果を挙げさせるために米国本部によって情報封鎖され、文字どおり「不意討ちを食った」ハワイの現地責任者であるハズバンド・キンメル太平洋艦隊司令長官とウォルター・ショート・ハワイ方面陸軍司令長官は気の毒なことに「責任を取らされ」降格されたうえに予備役に回されました。米国政府が日本の動きをすべて把握したうえでのことですから、まさに敵を欺くには味方から、といった徹底ぶりです。

ここまで見てきたように、日本は大きな枠組みとしての政略・戦略的にみて米国の思うツボにはまり、さらに圧倒的な戦力差により負けました。ただ、実際の戦闘（戦術的レベル）では、日本軍将兵の戦意の高さ、死を恐れない果敢さ、天皇への忠誠心の高さは米国人の理解を超えたものでした。これが彼らに心底からの畏怖を与え、その後の一般市民を含む日本人への度を越えた攻撃の理由のひとつになったと言われています。

そして、1945年1月、対日強硬派のカーチス・ルメイ陸軍少将がグアム島第21爆撃集団司令官への着任以降は、戦時国際法に背いて非戦闘員である一般市民の大量殺戮が不可避となる無差別爆撃を行いました。

また、ナチスの原爆製造に対抗して、莫大な人的・物的資源を投入してやっと完成にこぎつけた原子爆弾の効果検証のために、本来であれば爆撃が禁止されている広島・長崎の都市部に投下しました。もちろんこれも言うまでもなく戦時国際法に背いて非戦闘員である一般市民を大量殺戮したものです。彼らの日本人に対する恐怖の裏返しだったのかもしれません。

神話を喪失した日本（古代史教育の問題）

今まで述べてきたように、戦後ＧＨＱの指令により神話教育がなされなくなりました。具体的には、『教育に関する４つの解体指令』のうち「神道指令」と「修身・日本歴史及び地理停止」により神道、歴史にかかわる教育・行事・支援が禁じられました。本来であれば、かたちの上で〝独立〟したサンフランシスコ講和条約発効後、自力で再開すればよかったのですが、先述したＧＨＱの国ごとの〝洗脳〟が今日にいたるまで解けていません。

もちろん欧米では今でも学校教育で神話を教えています。歴史家アーノルド・トインビーの有名な「神話を忘れた民族は、例外なく滅びている。なぜなら自分の国の歴史や神話、これらについて何も知らないと自分の国に対する誇りがもてないから」という言葉がわが国にあてはまるかどうかはさておき、ここでは大切な古事記のメッセージについて述べたいと思います。

古事記はよく知られるように、奈良時代に完成し、神話を通して神々の成り立ち、国の誕生から推古天皇の時代までの、神々の世界や天皇家の系譜が書き記されたものであり、上・中・下巻の3巻で構成されています。

第2章「天皇と日本人」で述べたように、わが国は古事記の「国譲り」が謳う〝天皇のしろしめす国〟です。

日本神界の神々（高次元の意識体）は地上の人間にovershadowしてその個性を表出してきました。国譲りの後に天孫降臨された瓊瓊杵尊《ににぎのみこと》とお伴の神々もその例です。

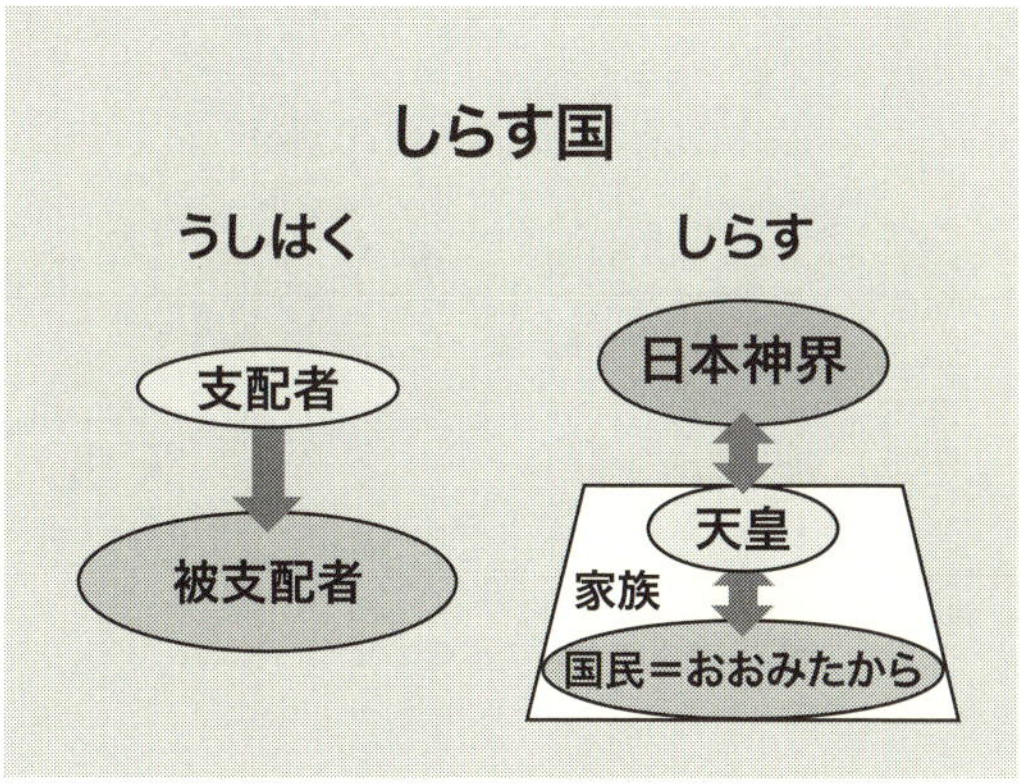

そして瓊瓊杵尊の子孫の初代神武天皇は、「八紘一宇」つまり全世界を一つの家として全人類を家族兄弟として考えると述べられました。この精神が日本人の意識に脈々と受け継がれてきました。また、神武天皇以来天皇は、国民を「おおみたから」と読んで大切にしてこられました。

また、天皇は「天神地祇《てんじんちぎ》八百万神《やおよろずのかみ》」を祀っていらっしゃいます。これは、森羅万象に神性を感じられ、従って糾合した民族の神々をすべて敬っていらっしゃるのです。

このような愛と調和の世界はいままでのわが国のこころや伝統といった国柄の基盤であっただけでなく、遠い将来の人類の進化の方向を指し示しています。それほど古事記のメッセージとそれを引き継いできた我が国の文化伝統歴史は尊いのです。

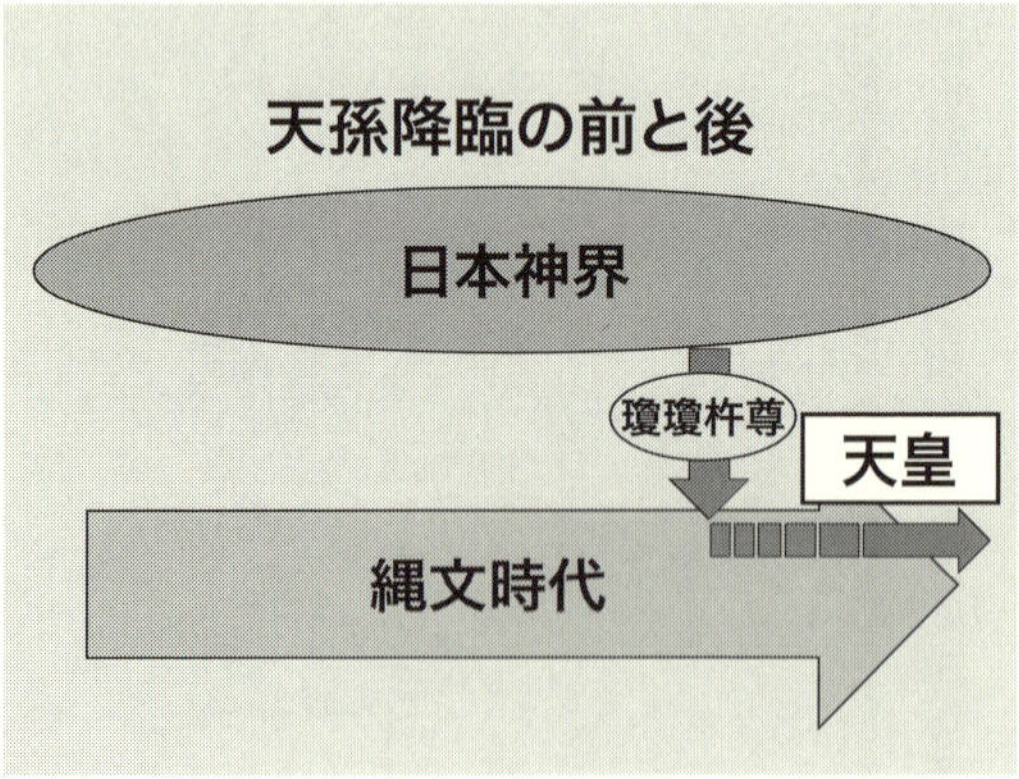

第4章（まとめ）

濁川 孝志

2章、3章では日本および日本人が備えていた素晴らしい資質、特性を議論してきました。特に3章では、日本人が古から有していた隠された国際性、コスモポリタンとしての日本人の姿が浮かび上がりました。一方、近年頻発する日本企業の不正や、自己主張が強く他人に対して不寛容な人々の行動。このような昨今の風潮は、日本人が精神的に劣化したことを暗示するものです。そこには本来の日本人の姿、すなわち礼儀正しく、他者に優しく、自己犠牲をいとわず、調和を重んじる、といった愛に満ちた日本人の姿は見えません。なぜ日本人は、このように劣化、疲弊してしまったのか。矢作先生の語る内容からは、アメリカの影響下文化や教育が大きなダメージを受け、本来の姿を見失いつつある日本人の様相が浮かび上がりました。

矢作先生によると、戦後の日本はアメリカの支配下におかれ、それは現在も続いている。すなわち、日本は未だに独立国ではないと言うのです。驚くばかりです。しかし確かに日本政府の動向をみると、アメリカの意に反する政策など見たことがありません。世界で唯一の被爆国でありながら、アメリカの意向を酌んで、「核兵器禁止条約」にすら参加できないのです。もし仮に日本が、形式はともかく実態として独立していないとすれば、そこに日本人固有の文化を育むことはできません。日本人としてのアイデンティティを培うこともできません。この実態が、日本人を劣化させた根本原因なのかも知れません。矢作先生によれば、日本人の精神を劣化させた最大の要因は、戦後、民間人を対象におこなわれた〝War Guilt Information Program〟(WGIP)に基づく洗脳のようです。それは、日本人に「大東亜戦争は人類に対する犯罪行為であった」という贖罪意識を植え付け、日本人の矜持と自尊心を奪い、日本古来の精神文化を葬って、日本が再び米国の脅威とならないよう、徹底的に無力化・弱体化したというのです。そして東京裁判では、勝者による一方的な〝審議〟をして、戦争行為の責任をすべて日本になすりつけました。この裁判結果も、日本人の贖罪意識を喚起し、その精神に多大なる影響を及ぼしたのです。残念なことに、このアメリカの戦略は見事に成功したようです。中でも有効に働いたのは、教育への介入でした。GHQは日本軍の勇敢な戦闘意欲の背景を戦前の教育に求め、この教育体制を解体する作戦をとりました。「教育の民主化」と謳われたこの方針は、我が国の伝統を無視して、彼らの理想とする「個人の価値」の尊重に傾いたものでした。近年の日本人は、他者への寛容の眼差しを忘れ、自身の権利を強く主張する傾向にあります。アメリカが考えた教育方針は、功を奏したのです。自己主張型人間の典型を、トランプ米国大統領に見ることができます。もちろん彼はアメリカの中に在っても特異な存在なのでしょうが、日本人が全て「自分第一主義」に陥った時、そこに明るい社会は見えません。矢作先生によると、国の根幹を成す憲法制定の経緯、それに基づく安全保障、さらには経済の基本となる通貨の管理まで全てアメリカの言いなりだと言います。やはり、日本は独立国ではないのです。では、この現状を打開するにはどうすれば良いのでしょうか。矢作先生は次のように述べています。

日本が安全保障上自立することができたとしても、米国が日本を手放すことは考えられません。つまり、戦前のように日本が独立国に戻ることは事実上非常に困難です。そこで我々がとる道は、今のまま米国に抱きつき続けている間に、慈悲・調和・感謝の日本の心を米国に感染させ、やがて米国民を逆洗脳するのが良いかと考えます。双方の国民の魂の学習の進み具合が違うので、それには長い時間を要すると思われますが、他に現実的に進め得る道はあるでしょうか。

魂の学習が進んでいる日本人が、時間をかけて米国民の魂の成長を助け、やがて調和や感謝や慈悲を重んじる方向に米国人の精神を逆洗脳しようと言うのです。洗脳という言葉にはカルト集団が信者の精神を操るネガティブなイメージがありますが、矢作先生の考える洗脳は、何と愛に満ちたものでしょうか。1章で長堀先生が論じたように、意識が現実を作るのだとすれば、まずは我々の意識を慈悲・調和・感謝に向ける必要があります。その為には、我々自身がWGIPの洗脳から目覚め、2章で論じられた日本人本来の姿を思い出す必要があります。その上で、矢作先生が言われる〝逆洗脳〟のような発想で、長い時間をかけ、日本人の精神性を世界に広めてゆく必要があるのではないでしょうか。

さらに本章で矢作先生は、主権国家を超えて「世界を動かしている正体」について述べています。時に〝力こそ正義〟という側面をみせる現代社会において、国家という枠組みだけでは到底理解できない国際社会の動向を正しく理解するためには、この「世界を動かしている正体」の存在を知る必要があります。この実態を理解しないで、世界の動きの表舞台のみを観察すると、時に判断を誤り、それは日本の損失に繋がりかねません。資本主義社会において〝力を持つ者〟とは、結局のところ〝お金を持つ者〟と言い換えることができます。矢作先生によれば、国際銀行家と呼ばれる一握りの人々は圧倒的な財力を背景に、表舞台には見えない形で世界を動かしているようです。米国を初めとする各国の中央銀行まで牛耳るというのですから、驚くばかりです。オナシス家、ケネディ家、モルガン家、ロスチャイルド家、ロックフェラー家などなど・・・世界の名門としては良く知られていますが、国際銀行家という側面も持っていたのですね。彼らがコントロールする金融機関が、事実上各国の経済政策と議会立法に大きな影響を持つということは、すなわち世界をコントロールしていることになります。

この国際銀行家の一人フォスター・ギャンブルの告白は、これがもし真実であるならば驚愕の内容です。なんとフリーエネルギー、すなわち資源を必要としないエネルギーが既に存在し、我々が利用できる段階にあると言うのです。本当にそんなものが存在すれば、世界の様相は一変します。俄かには想像できませんが、電気をはじめとするエネルギーは最も基本的な生活基盤ですから、これがフリーとなれば、世界の力関係は一変し社会に革命が起こることは必然です。しかし、フリーエネルギーの存在など我々は知りません。なぜか。それは、現状のエネルギー事情を維持したい勢力があるからだと言うのです。現状のシステムに依拠した自らの既得権を放棄したくない人々は、フリーエネルギーに関する情報をその力により握り潰します。すなわち、国際銀行家と呼ばれる勢力です。これを信ずる、信じないは自由ですが、フォスター・ギャンブルが自らの危険をも顧みず、荒唐無稽の嘘をつく必要性はどこにも有りません。私たちが世界の情勢を読み解くとき、このような勢力の存在を心の片隅に留め置くことは大切なことかも知れません。そして矢作先生の語るところによれば、明治維新の頃から現在に至るまで、日本もこの勢力の影響を多分に受けてきたようです。その中で重要な事は、これらの勢力は、敬意の下に日本の天皇家と一定の関係を保ち、そのお蔭で、日本は国際社会の中での立場が守られてきた側面があるという事実です。現在日本において、天皇の在り方に関する色々な議論がありますが、やはり日本は、天皇を要とした「しらす国」なのかも知れません。

この章の最後で、矢作先生は「神話」の重要性について述べています。代表的な日本の神話と言えば古事記ですが、古事記には人民を「おおみたから」と愛し、全世界を一つの家と見做し、その平和を願う神々の重要なメッセージが込められていると言うのです。古事記の神々が示した愛と調和の世界に関して、矢作先生は次のように語ります。

このような愛と調和の世界はいままでのわが国のこころや伝統といった国柄の基盤であっただけでなく、遠い将来の人類の進化の方向を指し示しています。それほど古事記のメッセージとそれを引き継いできた我が国の文化伝統歴史は尊いのです。

矢作先生言うところの、「遠い将来の人類の進化の方向を指し示す神話」。戦後、GHQにより思考の中から奪われた我が国の神話ですが、これを失った意味は、殊のほか大きいのかも知れません。今、私たちは神話に込められたメッセージを思い起こし、日本人本来の姿を取り戻さなければならない。正に、その時を迎えているのではないでしょうか。

コラム

日本人の覚醒

長堀　優

本書の重要なテーマのひとつは、「日本人の覚醒」についてです。

戦後、本来の姿を見失ってしまった日本人が、自らのアイデンティティに目覚め、アメリカの支配から抜け出し、世界の中で責任ある国家に変貌を遂げるためには、どう考え、どう行動したらよいのか、様々な観点からの検証を試みてきました。

ここでは、この「日本人の覚醒」というテーマについて、本章とは少し違った角度から思いを巡らせてみることにしましょう。

モーツァルトが作曲したオペラ作品に、日本人を彷彿とさせる主人公が登場する、と言ったら、信じられるでしょうか。しかし、これはよく知られた事実なのです。

モーツァルトのオペラ『魔笛』をご存知の方は多いでしょう。この歌劇は、ストーリーがややわかりにくいものの、「夜の女王のアリア」や「私は鳥刺し」など、全編にわたって美しい旋律や心躍る音楽に彩られており、いまだに高い人気を博しています。

この歌劇の冒頭、主人公の王子タミーノは、果敢にも大蛇に挑んでいきます。じつは、この場面で王子がまとう衣装について、初演時の台本を手がけた演出家のエマヌエル・シカネーダーは、きらびやかな「日本の狩衣」と指定しているのです。

狩衣を表す原ドイツ語の「Jagdhemd」は、「狩り用のシャツ」という意味であり、中世の公家が着用した狩衣そのものを想定していたかどうかは定かではありませんが、日本の伝統的な衣装を羽織り、大蛇と闘うタミーノ王子の姿は、どこか日本神話のスサノオを思わせるものがあります。

この作品が出来上がった時代は18世紀の後半、日本では鎖国していた江戸時代にあたります。いったいなぜ、この時代のオペラに「日本の狩衣」が登場するのでしょうか。とても不思議に思えます。

その謎に迫ったのが、中山一朗氏の著書『聖徳太子の未来記とイルミナティ』です。

中山氏は、ずばり、聖徳太子が書いた『未来記』が、シルクロードを通ってヨーロッパに伝わり、イルミナティ創設前のフリーメイソンの幹部に伝わったのでは、と推察します。

フリーメイソンは、もともとは、教会の建築などに関わる秘技を共有した石工たちのロッジに始まるとされます。しかし、モーツァルトの時代に、バイエルンの元大学教授アダム・ヴァイスハウプトらにより、王政、国家、文化、宗教の破壊を目指すイルミナティが創設され、フリーメイソンは次第に変容していきました。その時期に、『未来記』の奥義がイルミナティの教義に取り入れられ、そののち、この書は封印されたのでは、と中山氏は語ります。

ちなみに、イルミナティ実働部隊とも見做される国際銀行家については、矢作先生が、第4章で詳しく紹介されています。

フリーメイソンが悪の方向へと歪められていく中、フリーメイソンロッジのマスターで、初期のイルミナティの指導者イグナーツ・フォン・ボルンとモーツァルトは、イルミナティから離れていきます。

まさにこの時期に、『魔笛』は製作されたのです。

ザルツブルク・モーツァルテウム室内楽ホールの中庭には、モーツァルトが『魔笛』を書き上げるためにシカネーダーが用意したと伝えられる小屋が今なお残されています。その小屋は、たかだか2~3畳の広さで窓もないため、俗に監禁部屋と称されています。シカネーダーが、忙しいモーツァルトを閉じ込め、仕事に集中させるためとも言われていますが、稀代の人気作曲家に粗末な小屋を用意することなど常識的には考えにくいことです。

しかし、もしも、モーツァルトとシカネーダーが、『魔笛』の謎めいたストーリーに何らかのメッセージを暗号として託そうとしたのなら、製作中にその内容が外部に漏れないように万全を期したはずです。そう考えれば、この監禁部屋が提供されたことにも合点がいきます。

『魔笛』の初演後まもなく、時期を合わせるかのように、モーツァルトもボルンも相次いで命を落としていきます。遺体は、妻、子供、姉たちの誰にも知らせることなく密かに葬られました。巷間、晩年のモーツァルトはお金に困っていたと伝えられますが、そんなことはありません。モーツァルトは、死ぬ間際まで紛うことなき有名な芸術家だったのです。金遣いが荒かったという一面はあったのかもしれませんが、埋葬時に妻も立ち会わず、お墓の位置も特定されていないという状況は明らかに異常です。おそらくは毒物による暗殺だったのです。中山氏が推察するように、暗殺の原因は、ヴァイスハウプトたちが秘密にしたかった奥義を『魔笛』に仄めかしたから、と考えれば、すべての辻褄は合ってきます。

『魔笛』が、もし本当にヴァイスハウプトたちを激怒させたのなら、このオペラや、その原典になったと筆者が考える『未来記』には、いったい何が記されていたというのでしょうか。

タミーノ王子は、このオペラの後半で、エジプトの神のもとで試練を受け、精神的・道徳的に世界を導く覚醒した人間に変わります。そして、最後に、独善的な悪の象徴である夜の女王（イルミナティの暗喩か？）を倒す救世主として描かれています。しかも、この救世主は、古代の神の奥義を知る選ばれた者、神の意志を理解する王家の人間とされます。

何とも意外なことに、『魔笛』では、この偉大なる救世主が、狩衣に示されるように日本人と暗示されているのです。もしも、モーツァルトが『未来記』に目を通していたのなら、救世主・タミーノ王子のモデルは、『未来記』の作者である聖徳太子その人であったのかもしれません。

筆者は語ります。

「日本の王家とは、天皇家にほかならない。

そして、イシス（長堀注　エジプトの神）は太陽神ラーの血を引く言霊の力を持つ女神であるが、天皇も天照という太陽の女神を始祖とし、詔という言霊によって政治を行う皇帝であった。また、言霊は神道の根源的なものである。

『魔笛』の作者たちは、まずはここに注目したのではないかと思われる」

日本語に秘められた言霊の力を用いて、国家の安寧を祈る祭祀王・天皇が悪を倒すなどというストーリーは、世界秩序の破壊を目指す勢力からみると、好ましいはずはありません。秘密を明かしたモーツァルトの行為はとても許せるものではなかったことでしょう。

もっとも、悪を倒すといっても、日本的な悪の成敗とは、敵を殲滅《せんめつ》させることではありません。『魔笛』において、夜の女王が最後は光に打ち勝てないように、あくまでも相手に参ったと言わせ降参させること、すなわち悪を抱き参らせることです。

『魔笛』のクライマックスにおいて、タミーノは、魔法の笛（魔笛）を使って、「火」

と「水」という最後の試練を通過します。

東洋哲学では、「火（か）」には縦に上がる陽の働きがあり、「水（み）」には横に広がる陰の働きがあるとされます。この「か」と「み」の陰陽の働きが調和されたとき、「神（かみ）」なる力が顕現されるのです。

いかがでしょう、天皇が祈りで使われる言霊も、そして魔法の笛の音も、霊力を持つ波動という点で繋がってきます。ですから、深読みをすれば、『魔笛』というタイトルには、「神（かみ）」なる宇宙のエネルギーを導く言霊の神気という、おそらくは天皇家に伝わる奥義が、そこはかとなく仄めかされているように思えてくるのです。

また、劇の前半と後半において、タミーノを覚醒に導く司祭長ザラストロと夜の女王は、悪と善の役割を逆転させます。『魔笛』の筋を難しくしているとも言われるこの善悪入れ替わりは、西洋的な二元論ではなく、陰陽論に基づく東洋的な一元論、善悪不二思想の反映と考えることもできるでしょう。最後は、ザラストロの崇拝する太陽神が、闇側の夜の女王を含め、遍く世界に光を与え、闇が光に統合されて大団円を迎えるのです。

もはや異国の話には思えなくなってきたこの『魔笛』には、タミーノとともに、パパゲーノという鳥刺し職人が登場します。鳥の格好をし、背中に鳥籠を背負うという珍妙な人物です。

「彼は『籠の中の鳥』であることを象徴しているのだ。普段は呑気で陽気な男だ。（中略）パパゲーノは夜の女王に鳥を届け、その対価としてパンやワインをもらっている。だが、夜の女王に会ったこともないし、その正体が何者なのかについては無関心である。彼は腹さえ満たされ、機嫌よく酔えればいいのである」

と中山氏は指摘したうえで、このごく普通の善良なる人間、そして糧をくれる主人に尽くす人間を、何も考えようとしない日本人の姿と語り、覚醒したタミーノ王子と対比させています。真実から遠ざけられている日本人は、知らず知らずのうちに国際銀行家に搾取され続けているばかりか、現状に何らの不満も感じていないというわけです。

この「眠り続ける呑気な鳥刺し」日本人が、カゴメ歌にも唄われる「籠の中の鳥」に象徴されるのであれば、なんとも意味深です。カゴメ歌の一節、「籠の中の鳥が出やる」は、はたして日本人の覚醒を示すのでしょうか。

「フリーメーソンの最高神が、日本の王子に賛美を送り、報いとして永遠の王冠が授けられる。これぞ、真のフリーメーソンの理想を実現した瞬間であり、同時に悪は奈落に落ちる。それを為せるのが、日本の王子、あるいは日本人なのだ。それはまた、『未来記』が用意した、世界が救われることの暗示なのかもしれない。

しかし日本人は、本当に覚醒するのだろうか」

筆者の最後の言葉です。『魔笛』の主人公のモデルが聖徳太子であるかどうかはともかく、この謎めいた歌劇が、日本的色彩に彩られ、東洋思想が盛り込まれていることは確かなようです。日本人は、モーツァルトからの死を賭した呼びかけに応えるためにも、長い洗脳から覚醒し、これまでの常識から離れ、自らの真の使命を探るべく行動を開始すべき時期がきたということはいえるのではないでしょうか。

矢作先生のお言葉を借りるなら、天皇の役割とは、端的に申せば、日本の最上位に位置する「祈る人」ということになります。民の安寧を一心に祈られる祭祀王、天皇の大きな力の一つは、日本語に秘められた言霊の霊力です。

言霊研究家の宿谷直晃氏は、日本語、さらには古代の大和言葉には、深い宇宙観が秘められていると言います。一つ一つの文字に意味があり、いくつもの読みを有する日本語だからこそ、その奥に秘密を刻むことが出来るのです。「火（か）」と「水（み）」などもその一例といえるでしょう。そもそも、古代の神代文字の形には、宇宙のエネルギーそのものが転写されているとも言われています。第1章において、量子論的には、意識が物質を生み出すと解釈することも可能と述べましたが、そうであるなら、意識を乗せる言葉も、物質や現象と深く関わってくることになります。このように、言葉の音や字の形を通じて霊力を発揮することが、日本語の言霊の神髄といえるでしょう。

私たち日本人を育んできたこの日本列島に今に伝えられる世界最古の縄文文明や、南米の古代文字を読み解くことのできる神代文字は、世界に誇り得る我が国のかけがえのない文化遺産です。

しかし、現在の日本においては、神代文字は追いやられ、日本人の精神を底支えしてきた日本語も大いに乱れ、言霊の力は、もはや風前の灯です。

いうまでもないことですが、言葉と思考は両輪関係にあります。言葉により、知性・感情・理性が整理されていくのです。そして、行動意識のひな型も作られていきます。すなわち、正しい言葉は、意識や行動によい影響を与え、人間関係も心地よいものに変えていくのです。今の時代の迷走も、言葉の乱れが原因の一つと言えるでしょう。正しい言葉を用いることによって、世の中の迷いが正されれば、必ずや社会も望ましい方向に向いていくはずです。

日本語には、謙譲語や尊敬語、そして丁寧語という他の言語にはない独特の言い回しがあります。言葉と思考が両輪関係にあるなら、深い味わいのある言語体系を持つ日本語が、日本人の思考を緻密にし、情緒に富んだものにしていることは間違いないでしょう。このような言葉で醸成されてきた私たち日本人の精神性には、他の言語を話す国の人とはちがった懐の深さがあるはずです。

言葉はいうまでもなく波動であり、エネルギーです。情緒に満ちた日本語には、まさに言霊が溢れているのです。これまで秘されてきた古代の日本の姿に思いを馳せることはもちろんですが、この美しく清い日本語を見直し正すことも、日本人の目覚めの第一歩につながると考えます。繰り返しになりますが、言葉により世の中が正されていきます。そして、日本語に秘められた言霊の神気により、世界の平和を祈り続けるのが天皇のお姿なのです。

かのチャーチワードが、ムー文明の名残が残り続けているはずと指摘する私たち日本人が、長い眠りから目を覚まし、真実と向き合い、そして日本人としての精神性と美しい日本語とを取り戻すことが、今の時代に求められているのです。

２０１８年サッカーワールドカップ・ロシア大会において、世界ランク61位の日本が、調和のとれた団結力とサムライのような強靭な意志、そして日本人らしい俊敏さで、世界3位の強豪ベルギーをぎりぎりまで追い詰め、世界に大きな衝撃を与えました。また、壮絶な逆転負けを喫した選手たちが、きれいに片づけられたロッカーに、ロシア語で「ありがとう」のメッセージを残したことや、悔し涙にくれながらも競技場の掃除を黙々と行うサポーターの姿も、世界を深く感動させました。

日本人が、争いを通じてではなく、和を重んじる考え方や、利他に根差した生き方を示すことによって、この先、世界を平和と調和の方向に導いていくことを願ってやみません。

第5章　見えてきた希望の萌芽

生命体「ガイア」のリズム

長堀　優

明治維新以降、西洋の科学技術を導入した我が国の暮らしは、格段に便利で快適になりました。その一方で、日本は、民族の宝ともいえるかけがえのない歴史や神話、古代文字などを奪われ続けてきました。そして、第二次世界大戦後、ついにはGHQにより教育までも根こそぎ変えられ、民族としての矜持を保つことさえ困難な状況に陥ってしまいました。それにもかかわらず、我が国では、現状に不満を抱くどころか、「優れた」欧米の文化や風習を受け入れ、日本の伝統を軽視する風潮が、強まる一方のように見受けられます。その根底には、欧米人に対する根強いコンプレックスと、戦後、米国により繰り返し刷り込まれてきた戦争への贖罪意識もあることでしょう。

しかし、金やモノの充足に重きを置き、精神面を軽んじる西洋的物質主義が、あまりに支配的になりすぎた世界がどうなるのか、人類は大きな犠牲を払いながら、今、思い知らされつつあります。

私たち先進国に住む者は、産業革命以降、地球の文明を大きく推進させてきた西洋文明の恩恵を大きく受けてきたことは確かです。しかし、経済功利主義や物質優先主義の陰で、発展途上国との貧富の差は広がる一方であり、この一瞬にも多くの人が飢餓や疫病、紛争に苦しみ、命を落としています。

先進国においても、ストレスの多い仕事や金銭に追われ、心も身体も疲弊していく人が増え、格差は拡大するばかりです。足ることを知らない強烈なエゴとエゴがぶつかり合い、絶えまない争いが続く中、弱いものは生存が困難となり、環境も絶望的なほどに破壊されてきました。

このような時代が来ることを見越してのことなのでしょうか、かつて薬師寺の管長を務めた高田好胤氏は、かつて「物で栄えて心で滅ぶ」との警告を世に発していますが、けだし至言といえるでしょう。

私たちは、今こそ人類全体を本当に幸せにする生き方はどのようなものか、真剣に考えなければいけない時期にさしかかっています。

そのためには、これまで常識とされてきた考え方や行動からの脱却が不可欠になってきます。

私たち日本人も、欧米人より劣っているとか、遅れているという過去の価値観から離れ、これからは、日本人らしい独自の創造性に基づいた新たな行動が問われる時代になっていくのです。

自分ひとりでは何もできるはずはないと思われるかもしれません。でも、この世界の流れを大きく変えようとしているのは、どうやら、私たち人間だけではないようです。

人類危急存亡の時を迎え、私たちを生かすこの大いなる地球も、人類に生き方を転換するように、強く迫ってきているのではないかと私には感じられるのです。

１９７９年、生物物理学者ジェームズ・ラブロック博士は、地球とは、単なる岩石の球ではなく、水分と大気を持ち、そこに生息する生命と共に、温度・環境を調節する一つの大きな「生命体」と考えました。この説は、ガイア（ギリシャ語で「大地の女神」の意）仮説と呼ばれました。その後、地球は、地表におけるあらゆる生命体の命を維持するために、最適の環境を守り続ける「恒常性」を持っているとの証明がいくつもなされました。そのため、この仮説は、いまではガイア理論と呼ばれるようになりました。

人体は、60兆個とも言われる構成細胞の一つ一つが、人としての生命を生かしています。地球も一緒であり、一切衆生、この星に生息する有機体のすべてが集まって、一つの生命体「ガイア」を形作っています。生命の一つ一つが全てと繋がりあい、神秘的で見事な調和を保っているのです。

普段私たちが何気なく吸っている酸素も、植物のみならず、その植物を支える鳥類から昆虫、そして微生物まで、気が遠くなるほどの多彩な生命連関の中から生み出されています。「ガイア」では、大気中のこの酸素濃度は常にほぼ一定に維持され、低すぎても高すぎても、動物たちは生命活動を保つことはできません。メタン濃度も地球上どこで測定しても1.5ｐｐｍに維持されています。「ガイア」の恒常性は、あまりにも完璧で、神々しさ、美しささえ感じさせてくれるのです。

この驚異的なバランスを崩そうとしているのが、他ならぬ私たち人類です。ラブロック博士は、環境破壊や森林伐採が続き、多様な生命種の存続が脅かされている現在の地球を、インフルエンザにより発熱している状態と語ります。

人の身体は、インフルエンザのウィルスを排除するために、発熱や発汗、悪寒戦慄を起こします。近年地球を襲う異常気象や自然災害も、地球が健康を取り戻そうとするため、つまり命ある「ガイア」が自然治癒力を発揮するがゆえの所業といえるのかもしれません。私たちが、この先、「ガイア」の上で生存を許されるかどうかは、ひとえに私たちの行動にかかっているといえるでしょう。

激甚災害を通じ、人類に厳しい警告を発するだけではなく、「ガイア」は、疲弊した心身を癒すかのようなふるまいも見せ始めています。

生命体「ガイア」の左脳は、物質主義的で理論的な西洋文明、一方、右脳は唯心的で直感的な東洋文明とも言われます。昼間、仕事に追われ、疲れ切った左脳を休ませるには、夜ゆったりとした中で静かな音楽を聞いたり、瞑想に耽り右脳を刺激することが有効です。じつは、ガイアも、「ライフスタイル」の転換を図り、これまで頑張ってきた西洋という左脳を休ませ、東洋に文明の中心を移しつつあるとの見方があるのです。

文明研究家の村山節《みさお》氏は、目盛間隔を一定にした歴史年表を基に、東西二つの文明が、繁栄と衰退を繰り返し、入れ替わりながら時代をリードしてきたことに気が付きました。そして、東洋文明がリードする800年が続いた後は、西洋文明がリードする800年が続き、1600年で一巡するという「東西文明八〇〇年周期交替説」を世に出しました（村山節、浅井隆著『文明と経済の衝突』）。

しかも、この周期は、非常に正確で、過去に一度の例外もなく、完璧に規則正しく繰り返されてきたと言います。さらには、直近の800年は西洋が栄える時代であったが、今度は東洋が栄えるサイクルに入ると指摘しており、2000年代の中国の台頭も予測しています。

確かに、村山氏の予測通り、21世紀以降、経済分野においては、中国が目覚ましい台頭を遂げていますし、科学分野においても、自然科学領域のノーベル賞日本人受賞者は、これまで世界の科学研究を牽引してきたヨーロッパ諸国をも凌ぐ勢いです。

西洋から東洋へという「ガイア」のエネルギーシフトは、決して絵空事ではないと私も感じています。先ほども述べましたように、西洋文明が限界を迎えようとしている今、危機を回避するための必然の流れと言ってもよいのかもしれません。

右肩上がりの発展を前提にした、従来の経済志向型企業社会は、地球の人々に真の幸せをもたらして来なかったという事実に、私たちはもういい加減気づかなければなりません。西洋的な金銭・物質主義の根底にあるのは、欠乏への恐れや不安であり、さらには自己が生き延びようとするエゴです。このエゴは、有史以来、飢えに苦しめられ、争いを繰り返してきた人類の潜在意識に刻まれた記憶に基づくともいわれます。ですから、人類が生き延びるために、エゴはある程度は必要だったともいえるでしょう。しかし、度が過ぎると自らの生存を脅かす存在にもなり得るのです。

富を独占しようとするごく少数の人たちのエゴにより、私たちは真実から遠ざけられたままですが、肥大化したエゴが行き着く先は自滅以外にありえません。あくまでも成長を追い求める西洋的価値観が限界を迎えた今、この世界に必要なものは、自然との調和を図り、持続可能な社会の実現を目指す東洋的な価値観であるはずです。

しばしの間、自分を落ち着かなくさせる世の雑事から離れ、人生のスピードを落とし、じっくりと心を落ち着かせて考えてみましょう。

奇跡の様なバランスを保ち、私たちを生かしてくれる「ガイア」、そして「ガイア」に恵みを与え続ける太陽、さらには太陽系や銀河系を包含するこの大宇宙の存在に思いを馳せれば、本来、人類が生きていくためのものは、全て与えられていることに気づきます。

人類の潜在意識ともいえる集合的無意識が、生存の危機と直面し、生きる感性を呼び覚ますことができれば、未来への希望が見えてきます。

その希望とは、まず、エゴや傲慢な思いから離れ、行き過ぎた物質主義から脱却すること、そして、自らの存在が、大宇宙のすべてと繋がっていることを思い出すことです。このような考え方を大切にしてきたのが東洋の文明です。

インフルエンザに罹ったガイアも、生存のための競争に明け暮れ、疲弊した左脳、つまり西洋文明を少し休ませ、大自然との繋がりと調和をモットーに生きる右脳、東洋文明に刺激を与え、未来に向けて、エネルギーのリセットをはかることが必要なのです。

「ガイア」の意識、つまり地球上に生きるものすべての集合的無意識が、この先の生存の可能性を求めて、目を向けつつあるものが東洋文明であり、太古の昔から自然に畏敬の念を捧げ、周りとの調和をはかり、謙虚に生きる態度です。

この流れに促されるかのように、最近は、都会の企業社会から離れ、自然との調和をはかり、帰農、無農薬・無肥料農業を始める人たちが俄然増えています。そして、環境や多様性生物が持続できる社会を目指す動きも、ますます活発になってきています。自然への回帰という大きな変化はもう後戻りはしないでしょう。

生命体「ガイア」が、自らの生き様を大きく変え、西洋から東洋へとエネルギーの流れを移しつつあるこの文明大転換の時代を迎え、その潮流に乗るかのように、静かに、しかし力強く、日本人の逆襲が始まっています。

微生物をキーワードに、その反転攻勢の一端を覗いてみることにしましょう。

微生物のスーパーパワーを生かす

京都帝国大学を卒業後、長崎に戻り、内科医として活躍されていた秋月辰一郎博士は、あの原爆投下の日、爆心地から1.8キロに位置する病院で患者さん、職員たちとともに被爆します。

しかし、周りの人々が、原爆症で次つぎと命を落とすなか、秋月先生をはじめ、病院職員、患者さんは誰一人原爆症に罹ることはありませんでした。

戦前の体験から、放射線の副作用に天然塩が有効であることを知っていた秋月博士は、被災後、病院の賄いに命じ、濃い塩をまぶした玄米飯、わかめの味噌汁を作らせ、皆に食べさせていたのです。

戦後、秋月博士はこの体験を『長崎原爆記』として出版し、この事実が世界に知られるようになったというエピソードは、拙著『日本の目覚めは世界の夜明け』でもご紹介した通りです。そのポイントは、天然塩と味噌に含まれる微生物でした。

高橋良二東大名誉教授も、広島が被爆後に速やかに復興できた理由として、土壌中の微生物による除染の可能性を指摘しています。

このような放射線の除染は、チェルノブイリやネバダ砂漠では確認されていません。微生物の生育に適した高温多湿の環境にあり、発酵文化の盛んな我が国だからこその現象といえるでしょう。

じつは、現在、福島の除染にも、後に言及する有用微生物群が関わっています。微生物に関する研究は、最近ますます熱を帯びてきており、新たな局面を迎えたといえそうです。

脊髄小脳変性症を少食で克服し、現在も一日青汁一杯で生活する鍼灸師の森美智代氏を、理化学研究所の辨野義己農学博士が詳しく検査したところ、腸内細菌が通常の人と大きく異なっていることが判明しました。普通の人なら、食物繊維を分解する細菌の割合は30％程度であるのに対し、森氏は60％であり、草食動物に近いことが確認されました。しかも、尿から排出されるはずのアンモニアに含まれる窒素からアミノ酸をつくり、蛋白を合成していることもわかりました。

森美智代氏と映画監督の白鳥哲氏、そして有用微生物群ＥＭ菌の開発者として知られる琉球大学名誉教授の比嘉照夫氏との対談が、著書『愛と微生物のすべて』にまとめられています。

比嘉氏が開発されたＥＭ菌は、国内のバッシングとは裏腹に、ウクライナや東南アジア諸国との共同研究が大いに進み、エコロジカルで循環型の街がすでに出来上がっています。この事実は、白鳥監督の映画『蘇生』でもすでに紹介されていますが、比嘉氏の研究の本拠地である沖縄も、現在ＥＭ菌により様変わりをみせはじめています。

比嘉氏は語ります。

「医学にあれだけ予算を投じても病人はふえる一方です。これを1つとってみても、従来の方法はいかに非力であり、未完成なものか。原子力発電はもとより、化学肥料と農薬で食料の問題を解決しようと進めた結果、環境を破壊し、人間の健康を害し、他の生物を絶滅に追い込んでいます。これをサイエンスと言っているならおかしい話です。

そのような原点を考える教育が消えてしまったのです。お金儲けと重箱の隅をつつくようなルールにはめられて、それよりすごいことを知っている人は全部排除された。（中略）実際は、自然は人知が及ばない。はるかにすごい存在であり、それを容認して、何が出てもオーケーでないとサイエンスは発展しないし、真理には近づきません。（中略）

正しいことを言っても、間違った発想が既成事実として積み上がって真理的に扱われており、本当に正しいことができないような仕組みになっています。原子力だって、原子力にかけただけのおカネを別のエネルギーの開発にかければ、その100分の1以下で済んでいます。

そういう意味で、勝ち負け、損得の戦略の上に全ての構造が乗っかっていて、これを正そうとすると必ず迫害される運命を持つことになります」

本来、科学も医学も人間を幸せにすることが目的であったはずです。しかし、経済効率優先の名のもとに、本来の在り方から大きく外れてしまいました。そして、地球環境も、もはや絶望的なほどに、汚染、荒廃が進んでいます。この流れを正すには、みなの幸福を目指して技術開発を進めていたはずの科学の原点に立ち返るしかありません。

ご存知のように、ノーベル生理学・医学賞を受賞された大村智博士の「イベルメクチン」は特許を取得していません。比嘉氏のＥＭ菌もしかりです。なぜなら、多くの人を救えるようにとの思いから、発展途上国においても安価で提供できるようにするためです。また、自動炊飯器、自動ドア、魚群探知機などの多岐に渡る発明品で知られる政木和三氏も、ほとんどすべての技術を無償提供しています。やはり、「人々が幸せになるように」との願いからです。日本人の科学者たちが、利他の精神に基づいて、世界に輝かしい貢献をしていることは、日本人として率直に誇らしく思います。

奇跡のリンゴ

もう一つ、微生物に関わるエピソードをご紹介しましょう。

じつは、多くの日本人が気づかないところで、驚くような動きが始まっているのです。

世界で初めて、肥料も農薬も除草剤も使わないリンゴ栽培に成功したことで知られる青森県の木村秋則氏が、本格的に農薬を使わないリンゴ栽培を始めたきっかけは、農薬に過剰反応し体調を崩す奥様を何とか助けたいと思った事でした。

しかし、現実は決して甘くはありません。リンゴの生来の性質上、農薬を使用せずに栽培することは非常に難しく、10年もの間、リンゴの収穫は困難となりました。それでも、木村氏はあきらめることなく、栽培方法の改良を重ねたのです。それは壮絶な苦労の連続でした。

木村氏はやがて、試行錯誤していくうちに自然界に元々そなわっている摂理に気づき、土壌や木の植生を生かしきる栽培方法を追い求めていきます。その過程で、肥料の使用が、病害虫を発生させる確率を高くしていることに気づきました。そして、施肥をやめることで栄養素に富む、白神山地と同じような豊かな土に変わることを、弘前大学との共同研究で明らかにしたのです。その秘訣は、雑草と土の中のバクテリアとの共生でした。

豆と野菜を一緒に植えると、吸収された大気中の養分を、豆の根に共生する根粒菌というバクテリアが土に戻しているのだそうです。4年も5年も続け、土の養分が十分になってくるとバクテリアは休み始めると言います。なんとも見事な自然のハーモニーではありませんか。

また、木村氏は、山の土を50㎝掘っても1度くらいしか温度が違わないのに、畑にしている土を50㎝掘ると10度も下がると言います。土壌にかかる農機具の重量や肥料、農薬、土壌改良資材などで、土の中に形成される硬盤層が、温度を低下させる原因であり、固い土は温度が低く、根も広がりません。ところが、この硬盤をこわせば肥料がいらなくなることも、木村氏は明らかにしています。

無肥料の木は、自然治癒力に富み、病気になった葉を自分で見分けて落とし、自らの病気を自分で治していきます。しかし、肥料を使っている木は枯れていくのだそうです。本来有しているはずの生きるための感覚、自然治癒力が、人工物を加えることにより、削ぎ落とされていくのです。この点は、自然からかけ離れた生活を送る現代人もまったく同じではないでしょうか。

木村氏は、試行錯誤で不断の努力を続け、ついに、農薬を使わないリンゴ栽培に成功しました。こうして出来たリンゴが、「奇跡のリンゴ」と呼ばれるようになったのです。

木村氏は、講演の中で

「人間が一番偉く、あとは部下に過ぎない、などという考え方は間違っています。農作物を作るのは、人間ではなく、自然なのです。謙虚さを失ってはなりません。農家も土に対する愛情が必要、自然と一体となることが必要です」

と語っています。木村氏が進む方向は、生命体「ガイア」が目指す自然との共生とぴたりと一致しています。「ガイア」の集合意識も、木村氏を力強く後押ししていることでしょう。

木村氏も、壮絶なバッシングにあってきましたが、最近は、肥料を推奨していたはずのＪＡが、興味を示し始めたのだそうです。無農薬、無肥料は環境を守ることにもつながります。農薬離れを目指す韓国の変化は日本よりも急速で、驚いたことに毎年１０００人ほどが木村氏の農場に見学に来ると言います。

木村氏は、講演のなかで、アルゼンチンに伝わる小さな鳥の話を紹介しています。３㎝以下の大きさしかないハチドリは、森で火事が起きたとき、小さな口で一生懸命に水を一滴づつ運び、消火しようと努めました。森から逃げた動物は、このハチドリの姿を見て笑いました。それに対し、ハチドリは言ったのです。

「今自分にできることをしているだけ、自分にできる最大のことをしている」

この話は、小さな存在にすぎない私たちに大きな勇気を与えてくれます。農家が農薬や肥料を使わなければ、川が綺麗になります。川が綺麗になれば、海もきれいになるのです。消費者としても、世に貢献できることがあります。生産物の選択という行為を通じ、有意の生産者を支えることができるのです。つまり、自分にできることは何かを考えることが大切であり、その態度こそが世界を変える一歩になる、と木村氏は強調しています。

他人の幸せを願う気持ちが日本人の美徳であり、今の時代にこの日本人の心を取り戻し、新しい生き方を世界に示すことが日本人の生きる道なのです。

西洋医学の分野では、微生物は、ただ病気の原因でしかない、という一面的な捉え方をしてきました。その結果、微生物は、単に征服する、やっつける対象でしかありませんでした。そして微生物なしでは人間は生きることができない、というごく当たり前の視点を西洋医学は欠いていたのです。

確かに天然痘のように撲滅に至った病気もあり、西洋医学の方法論は、すべてが間違っていたわけではありません。しかし、決して完璧な手法ではなく、使い方次第では、人間に禍をもたらす可能性があることも認識しておく必要があるでしょう。

この日本から、新たな農業へのアプローチが次々に出てくることはたいへん喜ばしいことですが、それも古より、大自然を敬い、感謝を奉げ、共生を図ってきた日本人の感性がなせる業と言えるでしょう。

西洋科学においては、自然はあくまでも征服し、コントロールする対象にしかすぎません。しかし、比嘉照夫氏も、木村秋則氏も、皆一様に自然への畏敬の念を忘れることなく、その力に感謝を捧げています。

私は、日本人らしい自然との接し方が、この先必ず必要になってくるはずと考えます。日本人独特の感性が、これからの社会を拓いていくに違いありません。

もちろん、本来、西洋科学は素晴らしい力を持っており、人類に大きな福音をもたらしてくれたことは確かです。現在の環境破壊も、決して西洋科学がもたらしたわけではありません。拝金主義のごく一部の人たちが、強いエゴに囚われ、金もうけのために科学を悪用したにすぎないのです。ですから、この先も、科学的方法や思考法は必ず必要となることでしょう。

しかし、まずその前に、私たちは、大自然への畏敬の念を決して忘れてはならないのです。

夜明け前の闇が一番深い、と言いますし、「闇極まりて光に転ず」との陰陽の教えもあります。絶望的に見えるこの地球環境も、改善への動きがあちらこちらで始まっています。自然への回帰の必要性に気づく人がさらに増え、自らの生活の選択肢を自然に優しいものに変えていけば、必ずや未来への展望は明るくなることでしょう。

スポーツ界における大谷翔平選手、羽生結弦選手、白井健三選手、そして将棋界の藤井聡太七段など、最近は、従来の常識を覆すような活躍をみせる若者が増えています。あっと驚くようなパフォーマンスを彼らはいともたやすく成し遂げていきます。この地球を貫く大きなエネルギーが、いまだかつてないほどの変貌を遂げようとしていることを、彼らは私たち大人に教えてくれているのかもしれません。彼らこそが未来への希望の萌芽そのものといってもよいでしょう。

『古事記』によれば、天の岩屋戸に天照大神が隠れ、この世が闇に包まれたとき、光を取り戻すべく八百万神が鳴かせたのが、常世長鳴鳥《とこよながなきどり》です。そのあとにアメノウズメが踊り、その様子を窺おうとして戸を少し開けた天照大神は引き出され、世界に光が戻りました。私には、これらの頼もしい若者たちの姿が、朝を告げる長鳴鳥のように見えてくるのです。

未来へ向かっての希望は、すでに育ち始めています。若々しい光たちの未来を信じ、しっかりと成長していけるように見守ること、それが私たちの世代に課せられた一つの使命と感じています。

21世紀は霊性の時代

——矢作直樹

21世紀は、霊性、いわゆる3次元のこの世と高次元世界との両方を感得できる感性をもつ人が増えていくことでしょう。今までは、森羅万象に神性・仏性を感じ取れない人々を対象に天啓を受けた人の教えをその弟子たちが伝え広めるうちに組織化したものを宗教と言ってきました。それはそれでその時代、場所、対象となる人々の特性により元の教えの変質を伴いながら細分化していきました。

私たち日本人は、わかっているだけでも1万4千年あまり続いた縄文時代をはじめ元々は、森羅万象に神性を感じる感性をもっていたので、長らく宗教を必要としませんでした。特に長い間争いがなく、高度な文明を築いた縄文時代の精神性の高さは特筆に値することです。

最近、この縄文時代が見直されるようになってきました。今年（2018年）の7月3日から9月2日にかけて東京国立博物館で大規模な展示が行われ、行かれた人も少なくないことと思います。彼らは1万数千年前に、フリーエネルギーの伝搬する様式であるトーラスを文様（文字通り〝縄文〟）として器に描き、その特性を実利的に使うという高い精神性を持っていました。縄文土器に入れた水や物はながく腐らずにもったことでしょう。

6世紀前半に大陸文化としてわが国に入ってきた仏教ですが、6世紀の後半になって仏教を受容していた蘇我氏と近かった聖徳太子が仏典の教え（特に、法華経、勝鬘経、維摩経）の中に人間心理への深い洞察を感じ取り、世の理の説明のために、そして政治的課題に取り組む上で役立てられました。

それから12世紀半、明治維新により短時間で西洋列強に追いつくために極端に西洋化を進める中で日本人本来の感性の現れであった随神《かんながら》の道を国家が変質させ、また廃仏毀釈によりそれまでの神仏の在り方を変えてしまいました。そして今次大戦敗戦後、GHQにより日本人の考え方に対して洗脳による2度目の大掛かりな改変がなされたことは先述した通りです。

しかし、日本人の魂の特質である霊性は、そのような人為的な圧力ですっかり消え去ってしまうものではありませんでした。ついこの間の東日本大震災で被災された現地の方々の示された有徳な行動に私たち日本人だけでなく世界中の人が感動させられたことは記憶に新しいと思います。だれに強制されたわけでもなく、老若男女を問わず共に助け合い譲り合いながら、秩序だった行動をし、必死に生き抜いてきた姿に他の日本人もどれだけ勇気をもらったことでしょう。

これからの時代、私たち日本人は再び一人ひとりが直接、森羅万象に神性を感じる感性に気付くようになると思います。そして、やがて誰もが宗教を介する必要などなくなっていくことでしょう。

日本の姿が、日本人の価値観が、世界を秩序ある方向に導く

また、最近、社会の様々な分野で優れた人格と才能を発揮して世界を感動させる若者た

ちが出現しています。ピアノの辻井伸行さん、スケートの羽生結弦さん、野球の大谷翔平さん、また傑出した才能で世間を驚かせている将棋の藤井聡太さんのような方も出てきました。

今日本にはこのような有名な人たちだけでなく、一見学習障害や社会不適応とみなされている中にも優れた才能をもった人が生まれてきています。

このような人たちが増えていくことで社会の変化が加速していくことでしょう。日本人のよさを理屈ぬきで体現してくれることで、ほかの人たちも自然と感化されていくことでしょう。

また、日本の国柄を思い出す教育は公教育には期待できないので、民間で皆が寺子屋スタイルよろしく自発的に繰り広げていくことでやがて人々のこころに火をともすことと思います。

未だに世界は、うしはく世界ですが、私たちは霊性を大事にし、敬神崇祖の気持ちをもち、「国譲り」の精神で、皆で知恵をしぼり、力をあわせて慈愛のこころでおさめる「しらす国」を発展させていくことで世界にもそのこころが伝わり、神武天皇の「八紘一宇」の精神で人々が自由意志で共生世界を作ることが人類の進化のすすむべき方向と思います。

第5章（まとめ）

――濁川孝志

2章から4章を使い、日本および日本人の特性や役割について様々な側面から考えてきました。特に4章では、現状の日本が抱えるいくつかの問題点が明らかになりました。本章ではこれらの議論を前提としながら、見えてきた未来への明るい兆しや、世界調和へ向けて日本人が果たすべき役割などについて語って頂きました。

ジェームズ・ラブロックのガイア理論に関しては、先に触れました。地球そのものが、一つの生命体であるとする考えです。人体は60兆個の細胞の一つ一つが調和を保ち、人としての生命を構成していますが、地球も一切衆生、この星に生息する生きとし生けるものすべてが連携し、一つの生命体「ガイア（地球）」を形作っていると言うのです。長堀先生の表現を借りれば、「生命の一つ一つが全てと繋がりあい、神秘的で見事な調和を保っている」のです。そのガイアが今、人類に警告を発している、と長堀先生は言います。自己の利益を追求する余り経済至上主義に陥り、その陰で発展途上国の人民は貧困にあえぎ、この一瞬にも多くの人々が飢餓や疫病、紛争に苦しみ命を落としている。同時に、ガイアの命を保つための豊かな森林や河川が人類によって破壊されている。世界の調和や利他の精神を忘れた、そんな人間の所業に対して、ガイアは警告を発している。世界中に頻発する異常気象や自然災害などは、ガイアの意思の表れだと言うのです。つまりこれらの現象は、ガイアが自己の持つ自然治癒力を発揮して、地球に巣食うガン細胞である人類を排除しようとする働きとも理解できるのです。

それと同時に長堀先生は、ガイア自身が自己を癒すような振舞いを見せ始めているとも言います。つまり、ガイアも「ライフスタイル」の転換を図り、これまで頑張ってきた西洋という左脳を休ませ、東洋という右脳に文明の中心を移しつつあると言うのです。先生が言うように、あくまでも成長を追い求める西洋的価値観が限界を迎えた今、この世界に必要なものは、自然との調和を図り、持続可能な社会の実現を目指す東洋的な価値観であるはずです。ガイアも自身にたまった膿を出し切り、興奮状態の交感神経系から休息の副交感神経系への移行を試み、リラックスしたいのではないでしょうか。だからこそ、日本人の役割は重要になります。私は、1章で長堀先生が言っておられた以下の発言こそ、今、地球規模で求められる価値観だと考えるのです。

日本人の遺伝子に組み込まれた「愛と調和と受容、分かち合い」の精神は、物質的にも精神的にも行き詰まった現在のこの世界に、必ず必要とされてくるはずです。今の混沌とした時代に、日本人の生き方は、未来を拓く手がかりを与えてくれることでしょう。

物質文明が極まり、先の見通せない世情の今こそ、霊性とともに、魂を見つめなおして、日本人古来の生き方を思い出し、世界に広げていくことこそが、現代に生きる私たち日本人の使命なのではないかと私は考えます。

長堀先生は、このような価値観を体現した日本人の実例を、希望の兆しとして紹介しています。

放射線の悪影響を軽減する微生物の力を見つけ、ＥＭ菌を開発した琉球大学名誉教授の比嘉照夫氏。

またこれと関連し、自身の腸内微生物の働きが活性化し、一日青汁一杯で20年以上も生活している不食の鍼灸師の森美智代氏。この森氏の例は、人間が持つ想像を超えた可能性を示唆するものです。

ノーベル生理学・医学賞を受賞され、「イベルメクチン」を開発された大村智博士。

イベルメクチンは、動物の寄生虫の駆除のほか、寄生虫によって引き起こされる人間の感染症にも効果が認められている物質です。

そして重要な点は、ＥＭ菌の比嘉氏も、大村博士も特許を取得していません。なぜなら、多くの人を救えるようにとの思いから、発展途上国においても安価でこれを提供できるようにするためです。

自動ドア、魚群探知機などの多岐に渡る発明品で知られる政木和三氏。彼も、ほとんどすべての技術を無償提供しています。やはり、「人々が幸せになるように」との願いからです。日本人の科学者たちが利他の精神に基づいて、世界に輝かしい貢献をしているのです。

肥料も農薬も除草剤も使わない「奇跡のリンゴ」の栽培に成功した木村秋則氏。人にも自然にも悪影響を及ぼす農薬を止め、自然との共生を図りたいとの思いから始めた事業でした。想像を絶する苦労の末生まれた木村氏のリンゴの木は、自然治癒力に富み、病気になった葉を自分で見分けて落とし、自らの病気を自分で治していきます。しかし、肥料を使っている木は枯れていくのです。本来持っている生きるための感覚、自然治癒力が、人工物を加えることにより削ぎ落とされた結果です。この点は、自然からかけ離れた生活を送る現代人もまったく同じです。私は長い間教育の世界にいますが、親が子供の教育費、つまりお金という肥料を使い過ぎた子供は、肥料をやり過ぎたリンゴの木と同様、どうもひ弱で脆弱になるような気がします。

これら希望の兆しを見せる日本人に関して、長堀先生は次のように語ります。

西洋科学においては、自然はあくまでも征服し、コントロールする対象にしかすぎません。しかし比嘉照夫氏も、木村秋則氏も、皆一様に自然への畏敬の念を忘れることなく、その力に感謝を捧げています。私は、日本人らしい自然との接し方が、この先必ず必要になってくるはずと考えます。日本人独特の感性が、これからの社会を拓いていくに違いありません。

また、別の世界にも希望の兆しが見えます。スポーツ界における大谷翔平選手、羽生結弦選手、そして将棋界の藤井聡太七段、ピアノの辻井伸行さんなど、従来の常識を覆すような異質な活躍をみせる若者達です。長堀先生は、これた若い希望の星を捉えて次のように語ります。

『古事記』によれば、天の岩屋戸に天照大神が隠れ、この世が闇に包まれたとき、光を取り戻すべく八百万神が鳴かせたのが、常世長鳴鳥《とこよながなきどり》です。そのあとにアメノウズメが踊り、その様子を窺おうとして戸を少し開けた天照大神は引き出され、世界に光が戻りました。私には、これらの頼もしい若者たちの姿が、朝を告げる長鳴鳥のように見えてくるのです。

確かにこの若者たちは、左脳的な既存の理屈や常識を超えて、「これはできるんだ」という右脳的な感性の下に行動しているように見受けられます。彼らはガイアのライフスタイルの転換、すなわち左脳から右脳への転換を体現しているのかも知れません。そして、今後多くの若い希望の星たちが我々の常識を超えて、希望の未来を拓くのかも知れません。

矢作先生は、21世紀は霊性の時代だと言います。有史以来、本来霊性に根差して生きてきた日本人ですが、明治維新に伴う廃仏毀釈や戦後GHQによる西洋化への洗脳により、日本人の精神性が随分と変質したように見受けられました。ところが、矢作先生は日本人の持つ特質を希望と共に、次のように語ります。

しかし、日本人の魂の特質である霊性は、そのような人為的な圧力ですっかり消え去ってしまうものではありませんでした。ついこの間の東日本大震災で被災された現地の方々の示された有徳な行動に私たち日本人だけでなく世界中の人が感動させられたことは記憶に新しいと思います。だれに強制されたわけでもなく、老若男女を問わず共に助け合い譲り合いながら、秩序だった行動をし、必死に生き抜いてきた姿に他の日本人もどれだけ勇気をもらったことでしょう。

これからの時代、私たち日本人は再び一人ひとりが直接、森羅万象に神性を感じる感性に気付くようになると思います。そして、やがて誰もが宗教を介する必要などなくなっていくことでしょう。

そして矢作先生も最後に、前述の光り輝く若者の出現とともに、日本人の価値観が、世界を秩序ある方向に導くと述べています。このような有名な人たちだけでなく、一見学習障害や社会不適応とみなされている人の中にこそ、優れた才能をもった人が生まれていると言うのです。振り返れば、昔から天才と呼ばれる人達は、常識の枠に収まり切れない人達だったような気がします。

更に矢作先生は次のように語ります。未だに世界は、うしはく世界、つまりは権力者が人民を支配する構造だと言うのです。そして、次のように続きます。

私たちは霊性を大事にし、敬神崇祖の気持ちをもち、「国譲り」の精神で、皆で知恵をしぼり力をあわせて慈愛のこころでおさめる「しらす国」を発展させていくことで世界にもそのこころが伝わり、神武天皇の「八紘一宇」の精神で人々が自由意志で共生世界を作ることが人類の進化のすすむべき方向と思います。

現在の権力が人民を支配する状態から「しらす国」、すなわち為政者と人民が心を一つにして国を治める状態へ移行すべきだと言うのです。「八紘一宇」という言葉がありますが、戦争経験者は、この言葉を聞いただけで戦中の軍国主義を思い出し忌み嫌うのかも知れませんが、本来の意味は、世界調和、世界家族の精神を表すものです。問題が多く先が見通せない混沌としたこの国際社会にあって、世界を一つの家族と考える精神は平和の礎となる発想に違いありません。なにせ、世界が家族なのですから。家族の幸せを願わない人はいないでしょう。本来の意味を正しく捉え、いつまでも戦中のネガティブな発想に囚われる必要はないのです。しかし、このような思想の啓発を現在の公教育に期待するのは無理です。そこで重要なのは、民間の草の根的な運動かも知れません。あるいは、矢作先生が言われるような、識者による寺子屋スタイルの私塾のような啓発活動かも知れません。松下村塾を開いたかつての吉田松陰のような人物が、これから多く輩出されるような気がします。日本の安寧、世界調和のことを真剣に考える矢作先生や長堀先生がこの時代に登場したこと自体、そんな明るい兆しの一つでしょう。神意による時代の要請だったのだと思います。

第6章　鼎談「日本、そして世界の未来のために」

鼎談・2018年7月24日（立教大学 12号館会議室にて）

1. 近代教育がもたらした日本人の劣化

濁川　それでは、何から話しましょうか。先生方が第5章までにお書きになったことを踏まえて、日本人はいろんな特性を生かしながらどうあるべきか、というようなことを今日は先生方に語って頂きたいと思います。話がどの方向へ流れるか分かりませんが、どっちの方に話が流れても良いと思います。僕は、個人的に語っていただきたいテーマが2、3ありますし。

長堀　これまで本書で語られてきた流れというのは、今後、どう考え、どう行動するかというところに集約されてくるのかと思います。考え方や発想の転換という観点から言えば、やはり、これまで主流であった物質重視、経済効率優先といった価値観を、少し修正していくということがまず第一じゃないでしょうか。

濁川　それは、日本人にとって、ということですよね。

長堀　はい、まず、できるところからですね。特に日本人は昔から、物質を超えた見えない世界に祈りを捧げる、感謝を捧げる、という風習を大切にしてきた民族なので、このような価値観の転換は行い易いんじゃないかと思います。

濁川　長堀先生は、だから5章の中で、3・11を契機にして、もともと日本人が持っていたその種の感性がだいぶ見え隠れしてきた、ということも言われてましたね。

長堀　そうですね、まずは、人間というのは死んでしまうんだということを忘れてはならないと思います。これまで、特に物質重視の社会においては、死というのは望ましいものではないから、考えないことにしておこうとみなされて来ましたけれども、そうではなくって、死を見すえた上で、今生きていることに感謝しようよ、というような東洋的な発想がですね、実は3・11あたりからひろがってきているのではないかなと感じます。

濁川　なるほどね。その辺は2章で武士道にからめて、語っておられましたよね。もうどうせ死んじゃって、いくらここで蓄財しても、どうせあの世に持って行けないんだったら、そんなことは二の次にして、今生きているここで、いかに人に喜ばれるか、それは最終的には利他の行いをすることが一番それに近いんだということをおっしゃっていて、もう僕も随分それに共鳴して読ませて頂きましたけれど。

長堀　もちろん、物質的な豊かさというものも、生きていく上では必要なのですけれども、そちらにあまりにもバランスが行き過ぎてしまったというところで、奪い合いや争いのもとになってますよね。社会が落ち着かない、一つの要因じゃないかなと思います。

濁川　「物質的に豊かになれば、幸せになれる」というふうな勘違い。
　矢作先生いかがですか、その辺り。

矢作　ええ、そうですね。だからやっぱり明治維新以降、西洋に、その精神性に合わせるように日本が動いてきてしまったということが、基本的にはあるので。戦後だけではなく、明治維新と戦後のこの2回、われわれの精神性が落ちるきっかけがあったので、そういうことを認識しておかなければいけないですよね。あまり言いたくないけれども、「西洋化」ということは、精神性としては、やはり落ちるので、いわゆるグローバル化というのは、精神性を落とすこ

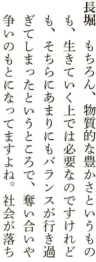

とを前提にやらないといけないことを理解しとかないとね。つまり、西洋の、物に対する際限のない欲をもつ人たちの世界に合わせていくことですから。

濁川　逆にいうと、江戸期まではけっこう精神性の高いレベルを日本人としては維持していたということですか？

矢作　そうですね、少なくともいわゆる、なんていうんでしょう……、「うしはける（支配する）世界」ではなかったわけですよね。

濁川　先生の言われる「しらす（わかち合う）」という考え方で。

矢作　なので、西洋って結局は、「力は正義」で、まあもっとはっきり言えば、輪廻を公には認めてないスタイルをとっているので、ひじょうに場当たり的というか、だから「力は正義」で、済んでいるのでしょうけれども。そこのところに日本人が合わせるというのに無理が当然あったわけで。もちろん科学とか理屈で考える分にはそれでいいのでしょうが、「道徳」とかいった場合には当然、無理があるので。だからそういうようなことでわれわれが、もともと持っていた精神性を落としているということを認識していないと、「西洋かぶれ」などというのは、まったくナンセンスで。結局じゃあ何でモノにシフトしたのかというと、結局そういう精神的なものが未熟だからですよね。

　重要なことは、結局明治維新で、無くなったものは、全人教育なのですね。学校で全人教育、つまり、官立大学を頂点として、全人教育をしなくなったのですよ。で、江戸時代までの寺子屋は全人教育だったのです、基本として。それが無くなったという意味で、明治の、教育の偏りを明治天皇が心配なされたわけです。

濁川　先生、その全人教育を、もうちょっと具体的に。

矢作　だから、例えば、徳性ですとかね、五感とか。五感というのは、例えば「お天道様が見てますよ」という感性を自然に持てることですよね。

　それから、当然、理性も磨いたし、だから、理性と直観のバランスを、例えば、道徳というものが、天秤というか、いわゆるそういうものを取りもったわけですよね。

濁川　明治維新で、それを取っ払った。

　それまでは、長堀先生が書かれているように、武士道っていうものが江戸ぐらいまではしっかりあって、それが精神的な支柱になっていた。ところが明治維新以降、西洋の力で経済的な価値観みたいなものを押し付けられたという、そういうことですか。

長堀　それはあると思いますが、あともう一つ、江戸は文盲率が低い社会だったということを忘れてはなりません。それは西洋人が驚いているところなんですけれども、寺子屋の役割も大きかったのです。やっぱり教育なんですよ。教育の場では、古典を暗唱させるとか、朗読させることも大事です。それを寺子屋でやっていたわけですよね。そういった草の根の教育が日本の強さだったでしょうし、明治維新を超えて、まだ、戦前までは残っていたと思うんです。でも、戦後、GHQにより教育は壊されました。

特攻隊員の遺書を展示してある資料館がいくつも日本全国にはあるのですが、どこに行っても、達筆で、しかも素晴らしい精神性を窺わせる文章を、18、19歳の若者が書いているわけですよ。大人である私たちが恥ずかしくなるような見事な遺書が展示されている。アメリカは恐れたといいますけれども、やはり素晴らしく高い精神性があったと思いますね。

濁川　戦前までは、まだかろうじて残っていた。だって、明治の人たちの気骨とか大正の人たちの精神性はまだ高いって、よくいわれますもんね。西洋文化が入って来たとはいえ。

長堀　まあ、だからこそ、戦後、徹底的に壊したわけですよね。日本人の精神性の根幹である教育を、アメリカは破壊しつくしたのです。

2. アメリカの徹底的な日本人つぶし

濁川　アメリカはある意味、正しく日本人を認識していたということですよね。日本人のその一番重要な要の部分を…アメリカはすぐ、それを見抜いたんですかね？

矢作　アメリカは長い時間をかけて、日本のことを研究していましたからね。だからもう、昭和16年には、今のＣＩＡの元になったＯＳＳ（※ Office of Strategic Services ― 戦略諜報局）が、敗戦後の日本の指導の仕方というものまで既に決めていましたからね。

濁川　はー、戦争が始まる前から。

矢作　ええ、だから、ひじょうによく日本というものを勉強していましたよね。

もっと、はっきり言えば、米国が日本をやっつけようとしたのは、１８９７年にセオドア・ルーズベルトが海軍次官になったその年ですから、その年というのは、翌年にハワイの併合をしてますけれども、ハワイの次はもう日本と決めてたわけですからね。その間で、ずいぶん……政略的といえば聞こえがいいですけれども、その、欲深さは、われわれの考え及ぶところじゃないですよね。

濁川　日本がやっぱり、それだけキーになるというか、日本人の底力を分かっていたから特にと、そういうことですか。

長堀　ちょっと「コラム　日本人の覚醒」で書きました、モーツアルトの『魔笛《まてき》』ですけれども。もし、国際銀行家の陰にいるとも言われるイルミナティーが、『魔笛』の時代から、何か日本についての秘密を知っていたとしたら、もう、かなり長いこと研究していたことになるのでしょうね。

特に、最近、日本の古代文字である神代文字で、南米の碑文が読めてしまうというような驚くべき事実がどんどん明らかになっています。イルミナティーにしてみれば、そういった秘密も、やはり抑えたかった。知っていて欲しくなかったのかなと思いますね。

濁川　そうか、そうか。じゃ逆に言えばそういう事を全部知っていたわけですね。

長堀　まあ、そんな可能性もあるのかなというふうに思いますけれども。

3．GHQの洗脳を解くには

濁川　日本がそういうふうに変わっていった経緯《いきさつ》というのは、つまり西洋が入って来たという事と、それとここでは詳しく話していませんがGHQが日本の教育を崩壊させたという、それで日本人がダメになっていったという、そういう話ですよね。

GHQのことはもう先生方も、いっぱい本書に書かれていて、まあ、中を読んで頂ければ十分わかると思うんですけれども。何か特に付け加えるようなことはありますかね。

長堀　まさに今それが完成しようとしているわけですよね。日本の破壊と崩壊が。

濁川　矢作先生、これはGHQによるある種のマインド・コントロールだと思うのですが、マインド・コントロールを解くにはどうすればいいですか？

矢作　やっぱり、「認識」みたいですね。だから、「マインド・コントロールされた」ということを認識できるかどうかですね。

濁川　なるほど、なるほど。じゃあ、僕らが発信しているこの種の情報が重要なわけですね。

矢作　ええ。そうすると、ハッと気づけば、やっぱり責任はわれわれにあるんでね。そこをちょっと自分のこととして認識しないとね。

長堀　メディアも含めてですね、全て未だにコントロールされていますから。なかなか気づくというのは大変なのかもしれないですね。

希望の星、新しい若者たち

矢作　そうですね。まあ、ただ、だんだん例えば、テレビを視なくなるとかね、新聞を信じなくなるとか、週刊誌などはいうに及ばずというふうな形で、情報の取り方は変化してきていると思いますね。

長堀　特に、若者ですよね。

濁川　変化してきてますか。

長堀　いやー、してますね。

矢作　だから、投票行動の年齢別のヒストグラムで見ると、やっぱり70代が一番左翼的で、一番なんというか、ましだったのが、20代だったかと思うんですね。だから20代ということは、まあ若い人はある一定の確率で、だいぶ目を覚ましてきているということだと思うんですね。

濁川　それは、有り難い。若い人というのは、今情報はやっぱりネットでしょ。ネットにはそういうふうな正しい情報が出てますか。

矢作　はい、いっぱい出てますよね。

長堀　まさに、玉石混淆ですよね。

矢作　ええ、だからメディアリテラシーを上げればね、気づくとは思うんですけれどもね。

長堀　だから自分たちの感性である程度判断しているんじゃないかと思うんですよね。

濁川　直観で分かるのかなあ。

矢作　まあ、少なくても自己否定というのは「変でしょ」ぐらいは、分かんないと逆に困っちゃいますよね。

長堀　あと、そのテレビがですね、「報道しない自由もある」と、最近は開き直っていますけれども、報道していないことも、しっかりネットでは出て来ているわけですね。このような状況を見れば、やっぱりある程度おやっと感じるものがあると思います。ほんと面白い時代になったなと思いますけれどもね。

濁川　ＧＨＱにより教育が骨抜きにされたわけですけど、日本の教育は本当にダメですよね。

矢作　だから、公教育だけを教育といったらいけないので、やっぱり家庭もそうでしょうし、もっと言ったら、民間といった場合に昔だったらインターネットは無かったので、そういうようなことも含めてね、いろいろな場が有効に使えるようになったと思います。あとはこちらの知恵と努力だと思うんですけれども。

長堀　あとは、よく「レインボー」だとか「インディゴ」とかいわれますが、そういった目を覚まさせるような子ども達、若者が、もう本当に驚くような活躍を今始めてますからね。常識が変わってきている。

矢作　そうですね。

濁川　それは本当にそうですね。新しい若い人たちね。いろんなスポーツの世界も、将棋の世界も、それから芸術の世界とか、最近。

矢作　科学だってそうだと思うんですよ。

たぶん、これからフリーエネルギーを始めとして、そもそも地球を救っていくような技術、例えば有効な細菌類を見つけている人なんてそうでしょ、あれってみんな日本から出て来るようなのでね、これから。そうすると日本のそういう技術が世界を救うというそのことから考えた時に、ひじょうに大きな希望であると思うんですよね。

長堀　殊に、この微生物に関しては、この日本の高温多湿という風土が、いろんな菌を残しているんですね。環境が過酷で劣悪であった超古代を生き抜いた菌が残ってきてる。それだけに、日本というのは、革新的な菌の研究が生まれやすいということもいえますね。酵母をモチーフにした「オートファジー」の研究でノーベル賞を受賞された大隅良典博士も同様ですよね。

濁川　長堀先生、ＥＭ菌のことだとか、５章に色々書かれていましたね。でも、日本人は特許を敢えて取らずに、オープンにして、みんなが使えるように配慮している所があったでしょ。あれ本当に日本人すごいなー、っていうふうに感じるんですけれどもね。

長堀　だから、結局、利他ですよね。まさに「利他」。「エゴ」じゃなくてですね。熱帯にはびこる寄生虫に対する薬剤の開発でノーベル賞を受賞された大村智博士も、特許を取られていませんが、利他の精神で科学を広めているというのは、すばらしいと思いますよね。

4. 始まった 光へのシフト

日本のかなめ
天皇は究極の利他

濁川　利他で思い出すのは、矢作先生が書かれていた、天皇陛下というのは、究極の利他でしょ。

矢作　そうですね。

濁川　もう、本当、「災いがあったら、まず自分の体を通してくれ」というふうに祈られて、国民の事を考えられる。あれは、もう、ほんと究極の利他で、先生がおっしゃっているように天皇陛下が要《かなめ》になって、日本をまとめてくれているという認識。でも、あんまり無いですよね、一般人の中に。

矢作　だから、日本は、昭和天皇が戦後いわれたように、「国民の支持がなければ、天皇というのは成り立たない」ということからいくと、やはり天皇の大御心《おおみこころ》を国民が、大御宝《おおみたから》が、共有しないといけないわけですね。だから、そこが基本になると思うんですけれどもね。

長堀　やはり、天皇陛下の大御心を理解するとか、そのような態度も含めて、「集合意識」が変わっていかないと、いけない。

濁川　なるほど。

領土問題は放っておけ

長堀　「フリーエネルギー」もそうなんですけれども、ノーベル賞を受賞したヒッグス粒子が出てきたのは、やっぱり科学者がその存在を認め始めて、全体の集合意識が高まって来た、そういう時期に、ヒッグス粒子は実証されたんですね。

濁川　いろんなものが、同時に発見されてくるわけですね。

長堀　逆に集合意識が高まってないと潰れちゃうとか、うまく出てこないとか、そのようなことがあるようです。

濁川　と言うと、今高まりつつある？

長堀　ああ、あると思いますね。

濁川　ですよねえ、新しい人も出てきているし。

長堀　実は、某大手の電子機器メーカーに勤める私の友人からですね、「水エネルギー」は、以前から実用化の段階に達しているんだと聞いています。水からエネルギーを取って、車を走らせるとか。ただ、これまでは、そのような研究を行っている人は、いなくなっちゃうんだというんです。

矢作　あのね、意外にこれから急速に変わって行くみたいですよ。それこそ、そんな何10年のスパンじゃなくて、うっかりすると、10年以内に。

濁川　それ、革命じゃないですか！

矢作　ええ、だから、要は、思いっきり「光の方」へシフトし始めているんです。

あと、中華人民共和国が、あと5～8年ぐらいで倒れますね。

長堀　ああ、はいはい。もう動きは始まっているようですね。

濁川　それは、僕は、何も知らないけれども。

長堀　ええ、だからすごい動きです。あそこがあのままだと日本は危ないわけですけれども、もうそちらの大もとが崩れ始めているのですよね。

濁川　尖閣のことなども、随分心配されていたけれども。

矢作　いや、全然、心配いらないですね。そんなね、領土問題より先にやるべきことは、「日本がちゃんとすること」なんでね。

長堀　ああ、すばらしい。まずは、日本がちゃんとすることですね。

矢作　だから、不安とか、それから恐怖とか、そういう感情は絶対ダメですね。「集合意識」をつくる時に。だから例えば北海道の土地を中華人民共和国の人が買っているという、それも放っておけばいいんです。いざとなったら、土地持っていけないんですから。収用しちゃえばいいんですから。

で、もっと言えば、中華人民共和国倒れ

ますからね。

濁川　ええ？　それはすごいニュースというか、へえー、そうなんだ！

長堀　結局ですね、これまでもそうなんですけれども、「反日デモ」というものがありますが、中国ではデモ自体できないはずなんですよ。ああいうデモって、政府公認なわけです。場所を作って、デモをさせて、それをメディアに報道させるということです。ただですね、そのデモが続いていくと、そのうち「反政府デモ」に変わっちゃうというんですね。

矢作　ええ、ええ、ずいぶんね、デモ…じゃない、暴動が増えちゃっているんですよね。とんでもない数で。

長堀　みんな政府に不満をもっているから、外へ不満を向けて来たんですけど、もうその手法が上手くいかなくなってきている。

濁川　そうか、中国もやっぱりインターネットは進んでいるわけですよねえ。

矢作　ええ、あと、当然あるレベルより上の層は、もちろん留学している人だけじゃなくて、上の層の人は、情報を当然共有していますので、だから資産をどんどん海外へ、とんでもない額を外へ出しちゃっていますしね。

5. 集合意識を高めるには

濁川　でも、そういうふうに僕らの意識が高まっているんであれば、さっき先生がおっしゃった、その、天皇陛下のことをしっかり認識して、我々が、大もとの要《かなめ》の部分をね、しっかり共有するという、その準備も整いつつあるんですか。

矢作　イヤー、だから、まだまだですね。絶対数からいくと。

濁川　矢作先生が、よく書かれていますよね。じゃあ、その種の情報が、もっともっといっぱい出てくればいいんでしょうか。

矢作　いっぱいというよりかは、共有できるかどうかですね。あんまり深いことを知る必要はないと思うんですけれども。だから、すでにある情報、例えば、古事記のメッセージ。古事記はかなりデフォルメしちゃっているけれども、そんなことは問題じゃなくて、その「しらす国」というメッセージ性をみんなが理解すればいいだけなんでね。だから、やっぱり沢山のことを知るよりは、ちゃんと知ることの方が重要なので。

濁川　そういう意味でいえば、今回書いて頂いた事はですね、すごく意味があるなあと思ってね。

矢作　ええ、だから「集合意識」のことと、「中今」ということがやっぱり繋がってくるんですよね。いわゆるこの自分の意識と量子論的な意味での、「潜在意識の広がり」というか。そういうところの構造を理解してもらって、もちろん自分の意識を崩せという意味じゃなくってね、無我無心になると、ふと自分の意識が拡大していくことを意識する、そしてそれが結果として、世界（個々人がそれぞれ意識する世界をみんな足し合わせた世界）とつながったというようなことを意識することだと思うんですね。

濁川　う一ん、なるほど。そういう意味では1章もやっぱり重要。

矢作　そうですね、1章が一番出だしでもあり、ある意味では将来的なこともここに含まれているわけですね。

濁川　人間の本来の在り方、宇宙の本来の在り方、多次元世界の在り方。

矢作　だからちょっと私もこれ、最初1章をけっこう遠慮ぎみに書いちゃったんで、ここをもうちょっとはっきりですね、輪廻、例えば私自身の前の記憶のこともちょっと、出さざるを得ないかなと。

濁川　ええ、是非是非。

長堀　それはすごい（笑い）

矢作　だから、本当のことをいうとね、私は、この、一つの題名としては「日本から世界への調和」なんですけれどもね、もう一つは個々人レベルでいうと、「安心して死んでくれ」なんですよ。

長堀　ああ。まったく同感です。

濁川　安心して…

矢作　要はだから、ちょうどいくつもの世界の中で、世界というのは次元も含めてなんですけれども、われわれはスラロームのように渡り歩いているだけなので。ここ中心にいて、いわゆる天動説的な発想（※自分が中心で自分が考えられることが全てであり正しいと考える発想）だから、ここからすべり落ちまいと思って、無駄な努力をするわけなんですけれども。こっち、あっちって、無限に選択肢があるので、そう考えたらどうっていうことはないわけなんですよね。

もちろん移るところで、記憶がない場合は、プロセスの不安といった、行った先の不安と、残すもの不安といったものがあるけれども、残すものの方はともかく、プロセスと行った先は何の心配もいらないというふうに気付けば、まったく人生観は変わるのではないでしょうか。

濁川　それが、さっき言われた「中今《なかいま》」の感覚ですよね。

矢作　はい、「中今」って結局ですね、高次元と繋がるというか、顕在意識から潜在意識全部一つになって、そうすると、高次元と一つになる。量子論自身が時間の観念がないんですよね。

長堀　うん、うん。よくわかります。

矢作　それは何故かというと、逆にいうと3次元側からみると、「中今」、つまり中今になった時だけ、時間がないんですよ。過去でもない、未来でもない。で、そうなった時に同時に、その時に高次元というか、その、いわゆる時間のない次元とつながるんですね。

だから、例えば、縄文の人がどうやって、テレキネシス（念力）をしていたかというと、みんなで中今の意識をしたわけなんだけれども、あれ極端にいえば、ある先生にいわせると、一人でもできるというんですよ。論理的には。高次元だと意識の世界になっちゃう、つまり、ＵＦＯが次元を上げて見えなくなるような世界ですから、そこでは指一本でも、本来だったら動くはずだといっていますね。

長堀　結局肉体があると、重さがあると、光を超えていくことができないので、そうなると時間というものができちゃうんです。

矢作　ええ、そうですね。それが、いわゆるまあ、地球上の命から離れちゃえば、重さがなくなるので、時空間を超えるわけですよね。だから、この制限の多い地球で、初めて過去とか未来の概念を体験して、そこから、結局、愛おしいだとか、切ないとかいう気持ちを学ぶんだともいわれていますね。向うに帰っちゃえばそういったことは一切学べないらしいです。で、まあその状態が、今おっしゃったような「中今」という世界なのでしょう。生きてるうちに「中今」の心境に至れば、この地上にいながら、彼岸とつながれるわけです。「中今」では生も死も一緒です。

濁川　逆にね、制限されているから学べるわけかあ、なるほどね。

矢作　ええ、そうですね。それが、いわゆる縄文人が誰にも教わらずに、皆知ってたわけですよね。

長堀　結局、宇宙の意識ですよね。

6. 太古、文明は日本から世界へ広がった

矢作　で、ここでちょっと言わないといけないなと思ったのが、実はムーの後に、レムリアが、これは時代がちょっと違うんですけれども、レムリアができて、レムリアとアトランティスが同じ時期、同じ理由で沈んでいるんですけれども。そこらへんのことも本当のところをいうと、当然、日本の場合は、レムリアからレムリア人がけっこう入って来ているので。例えば、わが国最古の神社といわれ1万5千年前に建立された幣立神宮なんていうのも一つはそうですね。

長堀　ああ、人類の祖となった五色人《ごしきじん》の集まるお祭りでも知られていますね。私も何度か参拝しています。

矢作　1万2千500万年ぐらい前だと思うんですけれども、このレムリアが沈んだのがね。

濁川　そういう所から日本に入って来て、それが縄文人になっていくのですか？　僕はよく知らないのですけれども。

矢作　全部が縄文人っていう意味じゃなくて、もともと縄文人というものがいて、そこにレムリア人が入って来ているんですね。

濁川　それは、現在に対してどういう影響を及ぼすんですか。

矢作　だから、それはこの非常に高度な文明を一部伝えていて、もちろん伝わらないものも沢山あったけれど、伝わる部分もあった。例えば精神性なんかは、協同の部分が結構ありますよね。文明的にはレムリアの方がはるかに進んでいたんで、音響だとか。だから、例えば、これからの医療が、やっぱりバイブレーションなんですけれども、そういうところでたぶん、その過去に、そういう記憶がある人たちが、またいろんなものを創っていくと思いますよ。

長堀　まさに陰陽五行が、そうですね。五行思想では宇宙を五つの構成要素にわけます。音、色、感情、あとは臓器などといったものが、バイブレーションにより、全部5つに分けられているんですね。たとえば、「悲しみ」が「肺を痛める」とされますが、その感情を癒す音であるとか、色であるとか、そのような解決法が五行の思想で解けてくるわけです。それは大もとの、矢作先生が指摘されたような場所から来たものじゃないかと。決して、中国で出来たものじゃありません。

矢作　ええ、例えばユダヤの文明はね、単に2千600年前と2千300年前と、2千年前に来たということになっているんですけれども、もちろん、そこは否定しないいんですけれども。じゃあ、その大もとはどこから行ったかというと、1万5千年前から、1万2千年前にかけて、日本から、一番西は中近東まで、途中いろんな枝葉のようにわかれてはいるんですけれども、日本から行っているんです。だから、当然ですけれども、神を外に認めるユダヤ教が、別に神人合一の神道に影響を与えたわけでは、決してないんです。

濁川　むしろ、逆なんだ。

矢作　ええ、ユダヤ人の研究家の方が、言っていることとっていうのは、形の上では正しい部分もあるんですけれども、精神性のところからいくと、彼等の文明というのは、1万1千年しかないんですね。ユダヤの人たち。で、ユダヤの暦《こよみ》自身は6千年ちょっとしかないんですけれども。それよりも、はるか前に、日本から大もとになるものを伝えているから、存在しているんですよね。

長堀　その通りです。

濁川　長堀先生もね、3章で同様のことを推察されています。

長堀　本書で、私もそこまで思いが至りました。前著『日本の目覚めは世界の夜明け』では言及していませんでした。前回は、神道とあくまでも古代イスラエルのつながりまでで終わっていたんですが、今回は、私ももうちょっと深く論を進めることができて、大もとは日本だなと見えてきたのです。

濁川　逆輸入されているんですね。

矢作　要はですね、たぶん、それ神代文字に出てくると思うんですけど、イメージとしてはそうですね。そういうことって。そして、それは複数の霊能者とみんな同じことになるんですね、答えが。まあ、年数だけがちょっと正確に出るか、出なかったかというところだったんですけれども。だから流れとしては、全く同じで、はい。

長堀　日本が中心で、日本から世界に広がっていった…。

矢作　日本が世界の雛形っていうのは、そういう意味なんですね。文明自体が日本からいっているんですね。

長堀　私もはじめは信じられませんでしたが、どうも、そういうことのようですね。

濁川　それは、僕らも、どこかで認識したいですね。

矢作　まあ、だから、神代文字が読まれるというのは、一つの現実的な方法だと思うんですよ。

あとは、やっぱりね、日本だけじゃなくて、ちゃんとした霊能者って他にもいるので、少しずつそういうのが、あっちこっちで同時発生的に出てきて、たぶん、それがやがてこう、共振していくと思います。

長堀　実際に、先ほども述べたように、日本に残っている神代文字で、南米のボリビアあたりに残っている碑文が読めてしまったのです。それだけでたいしたもんですよ。この事実から目をそらすべきではないと思う。

濁川　はい、先生そう書いていらっしゃいましたよね。あれだけ読むと、ほんと、何が起こっているんだ? という思いに駆られます。

長堀　この時代に向けて、残っていたんだと思いますね。とても重要な証拠が。解明されるのを待っていたかのようです。

7．地球外生命体と交信していた縄文人

矢作　だから、あの「地上絵」なんかも、実をいうと地球外知的生命体が書いているわけですけれども、あれも結局そういう意味では、われわれ縄文の人たちは普通に交信していたわけですしね。

それこそ、もっといえばＤＮＡの出だしが８つに収束する。つまり、人間のＤＮＡ自身が外来だっていうことは、もうわかっちゃっているわけですから。それも地球外生命体ですね。

濁川　それは、地球の外から来てる。

矢作　地球外生命体がある…

長堀　地球に、単細胞生物ができた、その生命体が人間になったという仮説が、進化論によって今まで説明されてきたわけです。進化論でも、人間に至る無数の突然変異を期待するには、この地球の歴史は短すぎると遺伝子学者が指摘しています。そんなことがおこるのは、千個の時計の部品をバラバラにして、袋にいれて、ガチャガチャして、元の時計ができるようなもんだ、つまり、ありえないということですね。

矢作　進化論を発明した、アルフレッド・ウォレス自身が、チャールズ・ダーウィンがウォレスの進化論を自分の名で発表するより前に、これは間違いだったたって気付いて、発表していませんからね。

濁川　それを、ダーウィンが盗んだんですか。（笑い）

長堀　今の猿が人間に進化するかっていったら、ならないわけですよね、やっぱりね。（笑い）そういうところも気付かないといけない。

矢作　まあ、だって、化石でませんからね。

長堀　そうですよね。（笑い）

濁川　なるほどな。いやー、面白い話だなあ。

矢作　だからポイントはやっぱり「多次元世界」、その中で「地球外生命体」までも含めて、ほんとは視野にないと、真面目にやんないと、いけないでしょうね。

濁川　視野に入れておかないと…。もうそう
いう時代ですか。

長堀　もう、ＵＦＯ、どんどん介入してきて
ますから。

濁川　そこまで来てるかー

長堀　まあ、縄文はそれが当たり前の時代

だったわけだし。

濁川　逆にねー

長堀　あとは、海外の美術作品にも、ＵＦＯちゃんと描かれているわけですよね。

矢作　あの「遮光器土偶」も地球外生命体が現されているではないですか。

長堀　ああ。そうですね。

濁川　土偶ね、確かに。だからピラミッドなんかも、そういう力で造っていたわけですよね。

矢作　ええ、もちろん。まさか、石運んで作ったわけじゃありませんからね。

濁川　ですよね。そうか、指一本で動かせたのか。

長堀　だから、今回、その写真が掲載されると思うんですけれども、広島の弥山《みせん》の頂上にある岩だって、あれもう、ぱっとみると、普通じゃないってすぐ分かるわけですよ。

濁川　ですよね、あの岩ね。

長堀　ただ、思考停止しちゃっているわけですよ。あと、奈良には、益田岩船と呼ばれる11ｍ大の巨大な磐座がありますね。いつの時代に造られたかもわからないのに、きれいに整形され、方形の穴が２つ正確にくりぬかれています。不可思議なオーパーツは、この日本にいくらでもあるわけですよ。

矢作　だって、みんなでやってたわけですからね。あっちこっちで。

長堀　ええ、そうですよね。

濁川　それを、こう、当たり前に語れる社会が来たら面白いですね！

長堀　もう、すぐそこだと思いますよ。

矢作　だから、まあねえ、やっぱり、当たり前の顔をして言えば、ひょっとしたらそうなのかなという気分になるじゃないですか。

8.『人は死なない』が時代の扉を開いた

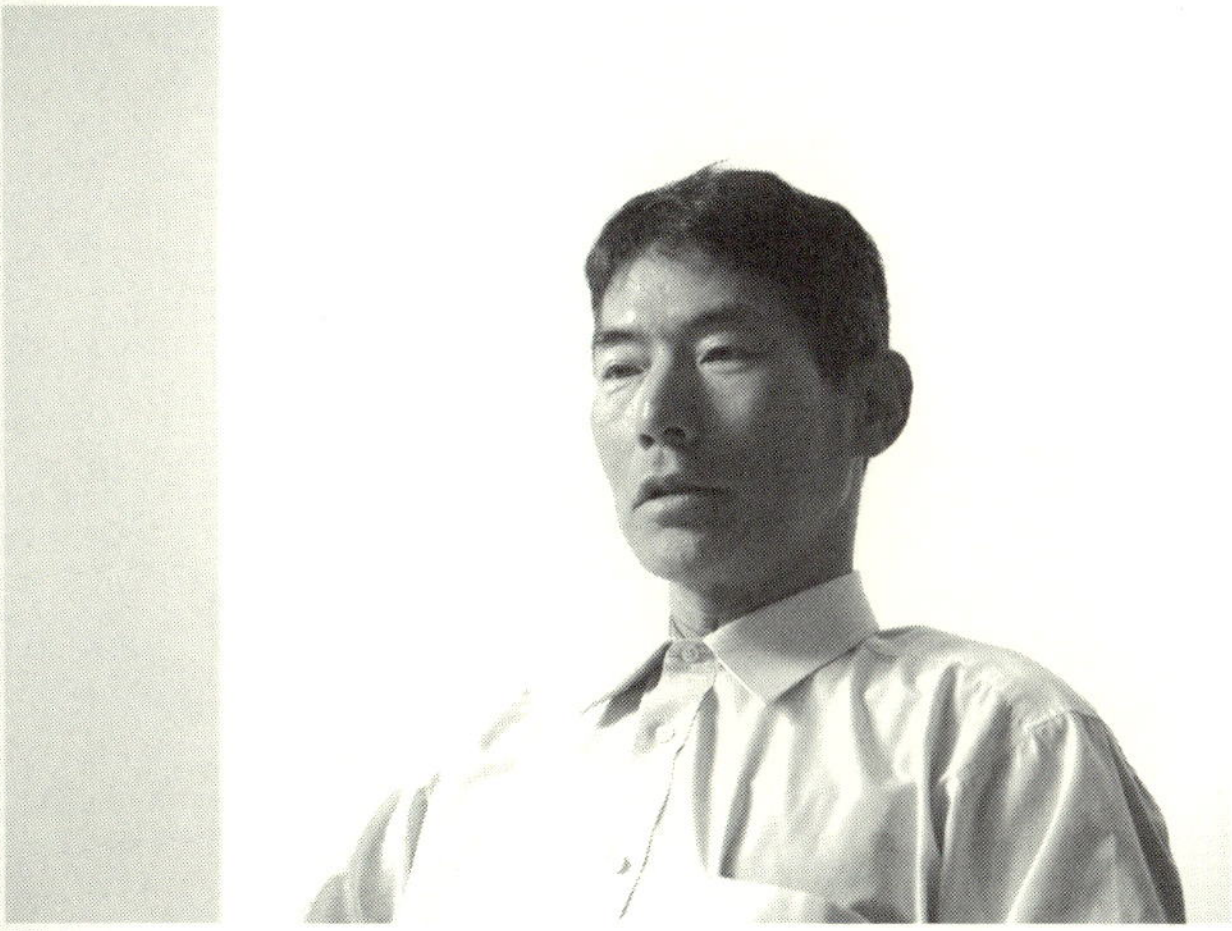

濁川　でも確かに時代の空気は変わってきましたよね。

矢作先生書かれた『人は死なない』(バジリコ刊) 自体だって、あれ、もうずいぶん古いけれど、あれ先生書かれた時に、十年前だったら、まだ受け入れられないっておっしゃっていましたもんね。

矢作　あのぐらいたどたどしく、謙虚に書けばまあ、いいかなーっていう感じでね。

長堀　結構、大胆にお見受けしましたけれども。(笑い)

矢作　いや、とんでもない。困ったことに、少しずつ社会人として、経験を積む中で知ったような形をとっているわけですね。

でも、じつは前から変わらないんでね。

濁川　なるほどね。じゃ、先生の中にはそういうものが子供の頃からあったわけですね。

矢作　そうですね。だから、まあどういうふうに表現するかっていうので、ずいぶん、こう……

長堀　悩まれたでしょうね。

濁川　時代に合わせて書かれた。

長堀　本当に、時代を拓いた本だと思いますよ。

濁川　そうですね、そうですね。確かに。

長堀　結局、いろいろ感じていても、出せない人がいっぱいいるわけですけれど、あのような本を出版して頂いたおかげで、「あっ、言ってもいいんだ！」と、思った人が、どれだけ沢山いたか。

矢作　ええ、ええ。大昔の人に失礼ですよねえ。そんなね、カマトトぶっちゃってねえ。

長堀　ははっ！（笑い）

濁川　矢作先生はそういう役割ですもんね。長堀先生もそういうのを受けて、書かれるのが役割でしょ。

長堀　いや、私は後追いですけれどもね。

濁川　いや、後追いも何追いもないですよ。又別の視点で書かれているんで。

長堀　ただ、あの本が出たということは、ものすごい勇気をもらいましたよね。出しやすくなりました。

濁川　はい。あれは、東大の医学部の教授が書いたっていうんで、世の中は、やっぱりそういうことの影響力が強い世の中ですから。

長堀　もう、ほんと目を疑いましたから。

矢作　ええ、まあ、逆にいうと、あの仕事に就いていて良かった数少ないことの１つですよね。

濁川　数少なかったかどうかは、分かりませんが。

矢作　そういうことのために、それこそ医者辞めるまで、36年もまあ、道草しちゃったっていうことも、感じてはいたんですけれどもね。

濁川　道草ではないでしょうね。

長堀　全ては必然ですよね。そう思いますよね。

9．AIと人間

濁川　話したいこと、先生、いっぱいあるんですけれども、AIのことちょっと語ってくれます。

矢作　AIっていうのは、みんなこう大騒ぎしていますけど、あくまでも、道具じゃないですか。だから、住み分けるっていうことを、最初ちゃんとしっかり仕組みを作っておけばいいだけの話で。特色はやっぱり、われわれと違って、「言語」から「文明」とか「道徳」とかを作っていくわけではないので、最初から高い道徳性を持たせることが可能なんですよね。

つまり、高い道徳性を持てるというのがどういうことかというと、われわれは言語を基にしているので、民族とか国によって、その道徳の規範が、「仲間」っていう概念が決まってきちゃうけれど、それこそ機械語でやる場合は、別にその個別性とか、民族性とかは無いので、最初から高い――そういう規範性を最初から徹底できることなんですよね。それがＡＩの特色です。だから、ユニバーサルに作れる。人間だと、「本当に世界は一つ」っていうと、あまりにも、よって立つものが違いすぎるから、無理じゃないですか。そこが、ＡＩのよくできるところ。

濁川　素晴らしい所ですよね。

矢作　だから、それさえ間違えなければですね。

濁川　でも、それは良いことでしょ？　初めからユニバーサルで。

矢作　もちろん、ユニバーサルにできる以上、よくしないといけない。いや、いいかどうかというよりは、人間がそれをよいことにできるようにしないといけないと思うんですけれどもね。

濁川　ただ、長堀先生、以前、映画『２００１年宇宙の旅』で、コンピューターが暴走したっていう事を取り上げられて、あれが何か暗示しているって言われましたが、ああいうことが起こると困りますよね。

長堀　あれはまさに人工知能が人間に反乱を起こすストーリーですよね。

ああいうことが起こると困るんですが、ただ『２００１年宇宙の旅』では、反逆し始めたコンピューターを、ボーマン船長が、結局、記憶をどんどん消していって、最後にはスイッチを切って、まあ殺してしまうわけですよね。で、ボーマン船長も命をおとすんですが、その時彼はものすごい光とか音の世界に包まれるんです。あれは『チベット死者の書（※）』にある死ぬ瞬間だと思うんです。ちゃんと「輪廻転生」して復活してくるわけですね。あの最後の場面は『死者の書』そのままなんですけれども、で、結局人間とＡＩの差がそこにあるということを、つまり「ＡＩの危険性」と「人間の霊性」について、キューブリック監督は、あそこに象徴的に示したのではないかと。

（※）チベット仏教ニンマ派の伝統に属し、生と死に関する深遠な考え（輪廻転生）が込められた経典

濁川　ＡＩは生まれ変わらない。

長堀　そうですね、見えない世界を、バックアップとして持っているのが人間であると。

矢作　まあ、だって、高次元と繋がれるか、繋がれないかの差は、ケタ違いですからね。

長堀　そういうことですよね。で、手塚治虫の『火の鳥』にも描かれてるんですよ、実はＡＩの話が。「ロビタ」というロボットが出て来るんですが、ロビタには人間の感情が入っているんです。サイボーグみたいになった人間の少年の気持ちがちょっと入ってできているんですね。ロビタは他のロボットと何が違うかというと、ちゃんと口ごたえをするんです、納得できないと。「しかし」とか言ってですね。で、他のロボットはそこまではない。そういった感情・判断があるということなんです。で、最後に

ロビタは自殺しちゃうんですね、しかも、一つのロボットが自殺すると、全部のロビタが自殺しちゃうんです。「集合的な意識」を持っている。それも、人間独特のものだと思うんです。だから人間の意識が混ざっているロビタには、集合意識を通じた繋がりがあるということを、深く、『火の鳥』で描いているんですね、手塚先生は。あの時代に、と思うと驚くしかありません。

濁川　でも、実際のそのロボットには、そういう感情や意識のようなものは宿らない、宿せないわけでしょ。

矢作　少なくとも、意識を創ることは非常に困難じゃないですかねえ。感情は持たせられますけれどもね。こういう多次元まで伸びている意識っていうのは、全く次元の違うものなんでね。

長堀　だから集合的無意識というのは、ロボットには当然ないと思いますね。その差が大きいと思います。

矢作　だから「道徳」を持たせて、「感情」を持たせて、というような意味で、できるわけだけれども、逆に言えばそこの人間との違いっていうのを最初からよく理解して作っておかないとね。

濁川　ただ、利用の方法によっては人間が悪用すると、最悪のことができるでしょう?

矢作　もちろんね、だからあくまでもモノっていうのは、作る人の心得にかかってくるんで。

濁川　結局そうですね。何でもそうですもんね。科学技術って結局は、いつもどう使うかですよね。

矢作　いつも倫理性が後追いになるから問題になるんですよね。だから、そこを認識しておかないと、たいがい科学って結局、倫理性を置き去りにして、趣味で発展した部分が、後になって問題を起こすというのがよくある話ですね。

長堀　あの、漫画の話ばかりで恐縮ですけれど、『鉄人28号』もそうですもんね。（笑い）結局、鉄人28号っていうのはリモコンで動かすんですが、正義の心を持った少年が動かすと、いいことをするんだけれども。それを悪人に奪われてしまうと、悪いことをするわけですよね。

濁川　本当だ。確かにそうでしたね。

長堀　まあ、あれは本質をついているかもしれないですね。みんなそうですよね。科学技術は。

濁川　使いかた次第。

矢作　仮想通貨だってそうじゃないですか。

長堀　だから、科学技術には罪は無いんです、すべて。

矢作　やっぱり科学が弱いのは、人間にとっての幸せとは何かということを問うていないので、極論すれば、いわゆる趣味が動機になっちゃっているのでね。

濁川　でも、クローンとかね、iPSとか言いだすと、人間の存在そのものが、訳が分からなくなりませんか？

矢作　いやいや、だから、人間というのは、あくまでも本体は「意識」なので、科学で作れないじゃないですか、そんなもの。だから、そこは、意識があるか、ただ単に物質としての肉体を見ているかというので、全然違うわけですよ。

濁川　でも脳まであれで作っちゃったら、先生どうなるんですか？　ずーっと死なないじゃないですか。

矢作　3次元程度なので、たかが知れているんですよ。スーパーコンピューターだろうと、何だろうと。だから、本当の「集合的無意識」の力の強さって、とんでもないものだって気づかないといけないわけですね。

濁川　僕よく分かんないですけれども、僕らはまあ、魂っていう、霊っていう存在があって、今この肉体っていう、先生の言葉を借りると、「着ぐるみ」を着ているっていうじゃないですか。でもこの、「着ぐるみ」は大体80年ぐらいで、ダメになるんですけれども、ダメにしないで、どんどんどんどん、これを継ぎ足して、どんどんどんどん、新しいパーツで車のように、それで、脳までできちゃったら、ずうーっとここ居れるんですか？

矢作　うーん、まあ、理論的には実際にそれをやっている人達がまさに「光り輝く人たち（※プロビデンスの目に現される、世界を動かしている少数の人々）」ですよね。まあ、そういう方法じゃない別の方法なんですけども、やはり数百歳レベルまでは生きてるようですね。

長堀　ええっ⁉

矢作　はい、ただそんなことをしてもしょうがないじゃないですか。

濁川　しょうがないですよね。僕もそう思うんです。

矢作　だって、せっかく次の、もうちょっとレベルアップして出て来れるチャンスをみすみす逸するようなもんですからね。

濁川　そうか、そこを考えれば、それは無意味だっていうふうに分かってくるんだ。

長堀　クローンも、同じような問題を含んでいますね。生まれてくる命に関して、全く思いが至っていない。

矢作　ええ、そうですねえ。

濁川　もう、人間の性《さが》なんでしょうね。倫理的配慮を度外視して、科学技術を使いたがるのは。

矢作　いやー、癖だとはいえるけれど、叡智でなんとでもできると思いますけれどもね。

濁川　科学技術は、どう使うか、が問題ですね。

矢作　一番大事なことは、じゃあ、なんで心臓移植がダメかっていうと、その、多次元世界、つまり霊性の感覚があれば、そんなことする必要がないっていう、理屈抜きにすぐわかっちゃうことなんですけれども。

濁川　なるほど、なるほど。

矢作　今、イエス・キリストの教えを、キリスト教徒が、知らないもんだから、「輪廻はない」と思っているから、今生にああやって即物的にしがみついちゃうわけですよね。325年に開催されたニケーア公会議で時のローマ帝国皇帝コンスタンティヌス1世が新約聖書を改竄《かいざん》して輪廻を抹消してしまったので。

長堀　まあ、実際に移植だって、ドナー（※臓器提供者）の血圧が130ぐらいでも、切っていくわけですよね。脳が死んでいるということになれば。でも、その時に血圧が上がったりするんです、おそらくは痛みを感じているからなんです。

矢作　そうですね、肉体だけで感じているわけじゃないんでね。

長堀　ええ、そうですよね。だから、脳だけで感じているわけではないので。それを考えたって、やっぱり、移植というのは大変なことをやっているわけですよね。で、さらには、今、いろんな記憶が水にも入っているとか、いうことがいろいろわかって来たので…

矢作　ええ、霊体に残っているんで、心臓みたいに、比較的、何ていうのでしょう、霊体の記憶の濃いところは、いわゆる移植された人に、こう、それが移っちゃってね。報告がもうありますからね、昔から。

濁川　移っちゃうって言いますよね、はい。

長堀　ドナーをつきとめちゃう人がいるわけなんですよね。その記憶で。

ですから、生き方、哲学だとか、見えない世界、霊性にまで視野に入れないと、科学の暴走を抑えられないと思います。

だから、そういったところでも、「死は怖くない」って思うことは大事ですよね。

10．本来の医療とは何か

看取りと医療

長堀　医療の世界でもいろいろな問題があって、とにかく医者は「死は悪いもんだ」と、医学教育を通じて教わって来ました。ただですね、人間は死んでしまうんですから。

必ず死んでしまう。ただ死を避けるべきだ、だけでは、すまないところがある。だから、ちゃんと看取るっていうことも、教えないといけないと思います。

濁川　正しく、死んでいく。長堀先生は「健康的な死」って書かれていたけれども、本当にそうですよね。

矢作　医者として話をして役に立つことって言ったら、たぶん長堀先生が言われたようにね、特に、生きている時よりも、臨終の時の、その近くなったときのことを、実体験として、リアリティーを感じてもらえるように話せるっていう点のような気がしますね。

長堀　さらに言えば、亡くなる人は、もう気付いているんですよ。自分がどこにいくかって。

矢作　ええ、だって、うっかりすると、「お迎え」現象が、7割あるんですよね。

長堀　見えているみたいですね。それを言わなかったりするんですけれども。言う人は言うんですよ。昔だったら家族が体験していたことですからね。

矢作　だから、まあ、本当にその、言いたくないけれど、医療って、単純にプロセスだけ見ていたら、私の36年って、もちろんね、必然ではあったと思うんですけれど、そういうことを切り離せば、何の学びもなかったに近いような時間ですね。ハッキリ言って。

長堀　本当にそうですよね。

矢作　ええ。

長堀　人間の生き死にっていうものを、本当にもっと深みを持ってですね、接しないといけないいんだけれども、そのあたりのノウハウって全く教わらなかった。

矢作　でも、それはそういう時代なんでしょうがないですね。われわれも踏み台として、そこから伝えていくものがあるんで。

長堀　そうですね。

濁川　つまり医療の前提として、この「多次元世界」とか、「霊魂」のことを、ベースにしていないっていう意味ですよね。

矢作　はい。だから、その「車」がね、事故を起こしました。例えば車が自動運転で、事故を起こしているのか、運転手の調子が悪くて、事故を起こしているのか、っていう議論ができないでね、「車が事故を起こしました」っていったって、しょうがないわけですよ。それがまさに今の医療ですからね。

濁川　なるほどねえ。つまり、霊魂の問題か、肉体の問題か、という議論ができないということですね。

長堀　で、あとは、家族も救われないんですよ。今の医療は。だから、もう本人が向こうにいくのは単なる卒業にすぎないんだということがわかれば、「ほんとにありがとう」「またね」で、送れるわけですよ。「ありがとう」で送ればね、本当に癒されますよ。

濁川 あの、長谷川監督の映画『いきたひ』なんかを観ていると、確かにそこの学びがありますね。

長堀 あの映画が深い感動を呼ぶのは正にその点ですよね。

濁川 ホントですね。あの映画は、若い人が観ても、本当に感動しますね。

長堀 逆に、若い人の方が感性が高いですから。反応がいいかもしれません。

濁川 この間、ゼミの学生達を連れて行って、観て、そしたら学生達も凄く感動して、学生の力でね、今度立教大学でも上映会をやろうという事になってね。もう、すごく嬉しかったんですけれど。

長堀 あの映画で、僕はほんとうに、一番救われたのは、ちっちゃなお子さんがですね、

矢作 そうですねえ。

長堀 けなげに、お父さんの死を受け止めていることなんです。

濁川 あの、次男の。素晴らしいですね。昔はだって、生まれて来るのも、逝く時も、家でしたものね。

矢作　あと、映像でね、私が覚えているのが、昭和32年に、牧野富太郎さん——あの植物学者の、彼が亡くなった時の様子なんて映画に出ていてね、いわゆる奥さんと、おっかさんがね、死に水じゃないけれど、亡くなって、こう斜めに寝ていたんですけれども、口をふいてあげたりしているのが、映画に出ていましたからね。当時はまだ記録映画を時々流すっていうやり方をしていたんで。そういうあり方を、今は映さなくしているので。

長堀　だから、死なないことになっちゃっているんです。人間が。

矢作　だから、最初から不自然なんですよね。だって、ほら、病院から亡くなった人を出すときだって、本来だったら玄関よりもっといいところから出したらいいのに、裏口から出すじゃないですか。

長堀　見えないようにね。

矢作　あれは、だから違いますよね。

長堀　だから、最近老人ホーム、高齢者の施設でも、亡くなった人を屋上に安置してですね、みんなとお別れをする会をつくる、そんな試みも広がっています。

矢作・濁川　へー。

長堀　自分もこうしてもらえるんだと思えると、安心できるわけですよね。

矢作　ねえ、なんかこう、ゴミみたいに裏から出されちゃってね。ちょっと困っちゃいますね。ほんとに。

濁川　ほんと、死の位置づけが、むちゃくちゃですね。

長堀　本来そうじゃなかったわけですから。看取りを本来の形に戻すと、まあ、ほんとにガラっと変ってきますね。

日本の医療は急速に変わる

濁川　話を『いきたひ』に戻しますが、監督がおっしゃってましたけれども、最近お医者さんが沢山観てくれていて、お医者さん達が賛同しているっていう。

矢作　それは、良かったですねえ。

濁川　だから、それを聞いたとき、僕も随分変わってきたんだなーって。

長堀　いやー、今や、大学の医学部でも上映していますから。

濁川　あ、そう言っていましたね。

矢作　今の西洋科学的なだけの医学っていう在り方は、西洋的な意味でも、ちゃんとしてないっていうか、もう間違い。西洋っていうのは一応、医学は、医療を支える要素、技術の一つだっていう認識をまだ持っている部分があるけれども、日本の場合はそれさえもないので、まったく本末転倒の、医学になっちゃっているんです。

長堀　全てですよね。「西洋医学以外は、まやかしだ」みたいに思って。

矢作　だからアカデミズムがリードする時代は終わっちゃったですね、医学に関しては残念ながら。

濁川　なるほど。

矢作　で、医療の方は急速に変わって、たぶん15年ともたないと思いますけれどもね。

濁川　それは大きな問題じゃないですか。日本の医療は。

矢作　いや、問題じゃないですよ。それは、なるようになりますから。

長堀　もう、経済的にもたないですから。まずは、経済的な問題が改革を促すんですよ。

矢作　幸いじゃないですかね。医者要らなくなってね。

長堀　あははっ（笑い）。

濁川　うーん、僕には良く分からない……

長堀　だから、西洋医学は大事なものではあるんですけれども、あまりにもそこが突出しちゃって、しかも、余計なことを沢山していて、そこに医療費が沢山かかって、で、しかも、その医療費が日本に残らないで、けっこう海を渡って向こうへ行っちゃっているんですよ。どの国とは言いませんけれども。それが大きな問題だと思います。

濁川　今、代替医療だとか、漢方だとか、色んなものがどんどん見直されているんですか。

矢作　そうですね、心ある人が、民間レベルでやっていますよね。民間というか、自前でね。

濁川　医療保険が使えなくて。

長堀　本来ここまでお金を使うものじゃないんですよ、医療っていうのは。

矢作　はい、だって、言っちゃ悪いですけれども、ステージが進んだガンの治療って、ほぼ苦しいですもんね。

濁川　そうなんですか…

長堀　おっしゃる通りです。

矢作　ＷＨＯ（世界保健機構）がたった半日だけ出したやつを、あれ、ダウンロードしそびれて失敗したなと思ったんだけど。そういうコメントを出しましたよ。

長堀　ああ、ネットの世界では、出てますね。

長堀　そこにまた高いお金がね、１ヵ月何百万とか、使われるわけでしょ？

矢作　まあ、それで幸せならいいんですけど、苦しいだけですからね。

長堀・濁川　そうですよねえ。

矢作　だから、ある意味、たくまずして、何ていうんでしょう、まあ、未必の故意とはいいませんけれどもね、意図せず、みんなを不幸にさせちゃっているような部分というのはありますよね。

長堀　そうですよね。腹腔鏡《ふくくうきょう》の手術も、一つそうだと思います。私の母校でも問題が起こりましたけれども。結局ですね、お金がかかるんです。腹腔鏡の手術は。すごくい い、いい、って言っていますけれども、やっぱり、リスクもあるわけなんですよね。で、やっぱり無理しちゃっているところがあるから、ああいうことが起きるわけですけれども。ただ、かかったお金っていうのは、結構な部分が海の向うに行ってしまう。高い手術医療器具を通じて。

矢作　日本でですね、作ってないんですよ。

長堀　あの、実はあったんですね。

矢作　だけど、結局むこうにとられちゃうんですね。だから、今日本でやっていないんでね。

長堀　「一太郎」だとかね、昔の「花子」とか、あれも秀逸なパソコンソフトだったんですけれども、みんなとって代わられちゃったんです。全く一緒の構図ですよね。高い薬剤も同じです。

濁川　そうなんだあ。だいたい、どこに行くか分かってきましたけれども。

長堀　だから、結局ああいう流れを起こす力がどこにあるのかということですよね。

濁川　そういう流れと、矢作先生が書かれている「世界を支配している正体」。そこはちょっと違いますよね。

矢作　まあ、一番上からみると、末端でしょうけれどね。多国籍企業の話なんでね。

濁川　あの世界を支配している正体の話は、先生、彼等は彼等なりに、やっぱり世の中の秩序を考えて、色んな事をやっているんでしょ。

矢作　ああ、もちろん、一番上は。「目の方々」はそうなんですけれども、多国籍企業だと、そこまで考えないですからね。単純に経済理論ですから。

長堀　ああー。なるほど。

濁川　でも、一番上のその「目」の部分が、世界の秩序、地球の秩序を考えているっていうのは、その人口調整も含めてね。それは、どうなんですか、許されることなんですか。

矢作　許すも、許さないも、当事者がやがて他界した時に、自分でレビューすることなんで、まあ、別にいいんじゃないですかねえ。だって、ここでいろいろあったとしても、学びとして、無駄にならないんで。

長堀　だから、その上の人達も、それをわかっているんですよね。

濁川　それを分かっていながら。

矢作　だから、その、あんまり手の届かないところのことは真剣に考えるよりも、「われわれが何をしていけばいいか」という、一人一人が問題にしたらいいですね。

11. 地球からのメッセージ

長堀　ただ、もう時代が変わるんだと思います。これまでいろんな選択肢があったわけですよ。人間的にみて良いところから、悪いところまで。で、それを輪廻転生で、みんな経験してきているわけですよね。僕たちだって悪いことを当然してきているんです。で、それ楽しかったか？　というレビューをする時期なんだと思いますよね、全体で。悪いことをして、いい思いをしたかもしれないけれど、「それで、どうだったのか？　本当に楽しかったのか？」と自らに問いかける。そして、みなが、何が大切なのかに気づいていく、まあ、そういった人が増えているんじゃないですかね。結局、何が楽しかったか。多くの人が分かって来たんじゃないですか、魂的に。

濁川　なるほどねー、そういうふうにして、全体が上がりつつあると、そういう問題も、やがて、地球全体がそれに気づくと、もう、お役御免ですか。

矢作　えっとねー、ただ、地球の方が先になんかね、バイブレーション上がっちゃうみたいなんで、あのー

濁川　人がついて行けない。

矢作　ええ。なので、そこは、まあ、あんまりこう、公に言わない方がいいかも知れませんね。つまり、地球に輪廻できる人の数が、ガタッと減るとね。

長堀　うん。そうなんでしょうね。

濁川　は？　地球のバイブレーションが上がると？

矢作　当然意識がそれについていけなくなる。

濁川　意識が高くないと、地球に来れないのかー。地球は、それほど素晴らしい所なのかあ。

長堀　その前に、まず、今生でこの先いろんな災いが起こるかもしれない。災禍を超えるときに、どんなふうな意識状態にあるかどうかで、おのおのが向かうべき先が決まってくるというところはあるようですね。まあ、洪水だか何だかわかりませんけど。もうその兆しは見えてきていますね。関東も全く他人ごとではない。

矢作　まあ、それも含めて楽しみじゃないですか。なるように、なるんだって。

長堀　ぜったい「死にません」から。何が起

こってもOKなんです。

矢作　（笑い）

濁川　最近めちゃくちゃ暑いでしょ？　さっきちょっと矢作先生に聞いたら、これも、「集合意識の現れ」って言われて。

矢作　ええ、「人心の現れ」ですから。

濁川　じゃあ、これもメッセージなわけですよね。

矢作　ええ、もちろん。

長堀　もう、近いんでしょうね、きっとね。

矢作　ええ、ええ。だから、ただ単に「暑いでーっす」っていってるだけじゃ、困るんでね。メディアも。（笑い）

濁川　洪水もね、今回の大雨の洪水も、じゃあ、3・11も含めて。

矢作　一言でいえば、地球も怒ってるんですよ。まあ、怒りはしないか。地球も意識が上がってくる中で、不調和をこう出してというような感覚として感じますけれどもね。だから、人間がぼけっとしてないで、感じとらないといけないのでね。

いつまでも、福島第一原発の処理できないのを、とぼけてないでね。あれこそ、EM菌じゃないけれど、ちゃんと浄化すればいいわけで。ねえ、海に垂れ流しちゃってるけれど。

濁川　本当ですね、原発のこと、一つ考えてもね。
矢作　天皇陛下にね、折角助けていただいたのに。困ったもんですねえ。

12. 善悪はない!?

濁川　最初、僕思って、聞こうと思ったのは、先生方二人共、「善悪はない」とおっしゃるでしょ。善悪は、そういうふうに見えているだけだと…。
矢作　「光と影」というふうに言えばいいかもしれませんね。
濁川　僕ら凡人はそうすると、世の中にすごく凶悪犯罪とかあるじゃないですか。あれを見たとき…
矢作　何ていうんですかね、あれを見たとき、確かに、相手の気持ちに立った時にね、そういう傷つけるっていうのは、この世的には悪いことっていうふうに感じるけれども、それとても、「生き通し」の観点からみると、学びなわけですよね。
　例えば「子どもが何か失敗したらダメ」っていう教育を受けるっていうことはないじゃないですか。
濁川　ん?
矢作　例えばね、子どもっていうのは、いろんな失敗を通して学ぶものじゃないですか。あれと一緒ですよ。

濁川　そうですよね。でも、失敗した度に、親はちょっと諌《いさ》めるでしょ。

矢作　ええ、だから、それを諌《いさ》めるのが自分なんですよ。いわゆるその「生き通し」の場合は。自分でそれを諌めるっていうかね、それをもう一回見ちゃうんですよ。もっと、強ーい感覚として感じるんですね。しかも不思議なのは、今この肉体を使って、この目ん玉でもって前をみてるから、この半分しか見えないけれども、そうじゃなくってね、「全てのところが同時に感じる」んです。相手の気持ちも同時に。で、「強く感じる」んですよね、同じようなふうに。だから、悪いこと、この世的な意味での悪いことをすれば、それがものすごく自分の感覚として増幅されて、感じられるんで、たぶんそれで自分を裁く、「裁く」っていう言い方は正確じゃない、「自分を感じる」っていうふうに感じています。はい。

濁川　それは、飯田史彦《いいだふみひこ》先生の『生きがいの創造』の中で、正にそれが出てきて。

矢作　そうですね、だから、あれを実体験からいうと、もうちょっとリアルになってくるんですけれど。まあ、そういうようなことを、観念的に理解してもらえればいいのかなと思いますけれどもね。

長堀　そうすると、やっぱり、生き方が変わりますよね。

矢作　ええ、もちろん。
昔の人は、「お天道《てんとう》さまがみてる」っていう感覚を普通にわかると思うんですね。

長堀　あとは、それこそ人生でいろんなことが起きる。会社で首になるとかですね、あと会社がなくなっちゃうとか、そういうことを含めてですね、実は自分の学びの大きなチャンスであったりする。

矢作　病気だってそうですから。

長堀　そうですよね。

濁川　ちゃんと、みんな、学ぶのかなあ。学ばないで終わっちゃう人もいっぱいいるわけでしょ？

矢作　もちろん、もちろん。

長堀　いますよね。自分だってどうかなあ。

矢作　だから、何度もやり直すわけですよね。

濁川　そうかあ。

長堀　ただ、学んでいる人も、実はいます。医療の世界にも多いんですよ。だから、「癌になって良かった」っていう人がいて、はじめ「何だろう」って思ったんです、僕も。でも、そばで見てると、よく分かるんですよ。病気を通じて、「生き方が違ってたんだ」、「何を大事にするかが違ってたんだ」と気づき、仕事変えて、家族との時間を優先するようになって、「僕は何が大切かわかりました、幸せになりました」と言うわけですよ。

濁川　なるほど。そのね、「学ぶ人」と「学ばない人」との差は何ですか。何が違うんですか。やっぱりレベルが低いんですか、学ばない人は。

長堀　それは、自分自身の向き合い方じゃないですか。

矢作　（笑い）それは「魂の特質」といういい方をすればいいかと思って。

濁川　高低じゃなくって。

矢作　はい、「高低」っていっちゃうと、ちょっと、非常に一次元的な浅さになっちゃうんですけれど、そうじゃなくって、それぞれの魂の学ぶ、その、何ていうんでしょう「行き道」の違いなんですよ。

長堀　「時期」っていうものがあるんですかね。だから気づかずに終わって、最後のレビューのところで、「ああ、こうすれば良かったのか」と、自分なりの思いが湧いてくるかもしれない。それで、次の人生で、今度は上手くやり遂げようと考える、それが、さっき先生がおっしゃったことじゃないかなと思うんですけれどもね。

濁川　なるほどねー。じゃあ、最初矢作先生が言われましたけれども、先生心配しないでいいんですよね。

矢作　ええ、だから、「安心して死んでください」なんですよ。

濁川　そうかあ。（笑い）

矢作　今、講演ではそれを話してるんです。

濁川　僕はそれを聞いて、すごく嬉しくなってきたなあ。色々と。

長堀　そう考えると、人生ガラッと変わるんですよ。

濁川　そうですねえ。その安心感、大事ですね。

矢作　だからねえ、「信じられない人は信じなくていいので」っていうのを前振りとして、「ホントのことを言っちゃうと」というところから始めて、「何の心配もいりませんよ」って。

長堀　先生がおっしゃる意味、本当大きいと思いますね。

濁川　「何も心配いらない」といわれるとね、特に、矢作先生とか長堀先生からいわれると、何かその時点で救われる気がするなあ。

矢作　それは、だって、神様がつくっているもんですから、悪かろうはずがないですよ、そんなもの。

長堀　特に生き切って亡くなる方、まあ最近、私仕事で看取りも多くしてますけれども、もう苦しむことは何にもないです。もうつらい、苦しいという感覚もないまま、スーッと眠るように逝かれますから。何の心配もいらないんですよ。

13. 霊性が羅針盤

濁川　先ほど話題にしましたが、死を日常から排除しようというのは、やはり西洋科学由来のものですか。エビデンスベーストで、全てを捉えようとする発想というか。

長堀　結局、西洋科学というのは、目にみえるもの、観測できるものを対象とするというふうにこう定義されてしまっていますので、それに基づいて、魂の問題は、オカルトと怪しげに呼ばれるようになってしまった。

濁川　それを排除しようと。

長堀　それはそれで、僕は大事だと思うんですよ。西洋的な、唯物的な考えというのは大事だと思います。それが、いろんな病原菌を見つけるだとか、科学的手法を究める方向で進んでいったんですけれども、目に見えないものを否定してしまったことで、逆に見えなくなってしまった、大事なものがあると思うのです。

濁川　で、ここにきて、今、量子論が出てきて。

矢作　そうです。だから、量子論というのは、結局、形而上と形而下を繋げることができる理屈なんでね。そういう意味でもちょうどいい潮時なんじゃないですかね。

濁川　ですよね。エビデンスベーストで考えても、今先生がおっしゃったことが見えてきた。

長堀　ほんとそうですね。唯物論を突き詰めていったら、実は、究極の物質は物じゃなかった。全部エネルギーになってしまったと。

濁川　で、それは湯川先生が「素領域理論」ですか、その頃からもう、見えていたんですね。

矢作　そうですね、だから、もっとはっきりいえば、お釈迦様は感覚的にわかっていたわけですよね。理屈っぽく表現したわけで。

濁川　なるほどねー。そしていつも長堀先生がおっしゃるように、日本人が多いですもんね。あの分野は。

長堀　あー、素粒子論、量子論の分野ですね。はい。

濁川　だから、そういう面からいっても、日本人はそういうものに気付いて、それをやっぱり、世の中に広めるお役目を、そういう遺伝子を背負っているのかな。

矢作　うん。

長堀　物質的な世界を探求する科学と、伝統的な哲学との接点が量子論にあるのですが、日本人には、この科学を理解する知性と、祈りを理解する感性があるんです。いうならば、量子論のように、科学と哲学を橋渡しするのが、日本人なのです。それがお役目であると、いうことですよね。

濁川　で、先ほどの話に戻ると、もともとの文明の発祥も、日本から世界への発信だったというふうに考えると、日本というのは、もともと地球の中に、そういうふうに位置付けられてたんですか。

矢作　ああ、もちろん、そうですね。

濁川　そうなんですか、この、東洋の小さな国が……はあ、そうなんだ。

長堀　日本列島自体が、地球の臍《へそ》だともいわれていますもんね。こんなに、プレートが集まっている場所なんて、他のどこにもないんですよ。だから、火山もあるし地震もあるし、台風もくるし。だからこそ、これだけ風光明媚な環境が保たれ、いろんな植物が、微生物が、そろっているわけですよね。自然の恵みが溢れているんです。まあ、それもよしあしで、激烈な自然災害も多く、いいことばかりじゃないけれども。だから、ここで暮らしていると気付きや学びも多いのでしょう。それが、この日本列島だと思います。

濁川　なるほどねえ、そうかあ。自分達を卑下している場合じゃないですね。

長堀　そうですね。もちろん傲慢になってはいけませんが、ただ、自分たちの姿をもうちょっとちゃんと見直してもいいんじゃないかなと思うのです。

濁川　先生が今言われた、日本がもともとの文化の発祥の地だったというのを、なんかそういうものを裏付けるものは無いんですか。

矢作　ないんです。今の科学の手法では。はい。だから、高次元に繋がれることが必要なんですね。高次元に繋がれることっていうのは別に特殊な意味じゃなくて、要はだれでもみんなそうですけれども、理論的思考を突き詰めたあげく「中今」に繋がれれば、そういう情報って得られるんですよね。だから、それがどれだけ普通になるかっていうところなんですが。

唯物主義者は騙されやすい

濁川　高次元とのからみで霊的な話をすると、オウム真理教のようなカルト集団を連想して、警戒する傾向がありますが、ほら、教祖にね、日本の優秀な特に理科系の人たちが、みんな騙されたでしょ？

矢作　簡単なことなんですよ。やっぱりね、感性が鈍ってるんですよ。だってね、まずね、まあ、魂まで見えろとは言いませんけれども。彼を見た時に「神性」を感じるかっていうことなんですよ。

濁川　感じたわけでしょ、彼ら騙された人は。

矢作　だから、五感が鈍っているわけです。

既に。あんなのね、普通心が真っ白だったら、まっさらな人だったら騙されません。だって、細かいこと抜きにしてね、まず「変」じゃないですか。

濁川　普通にね、考えればね。（笑い）

矢作　「変だ」という感覚を生じない時点でいけないないんですよ。もう。

長堀　ちょっと心が弱ってる時とか、病気をしたときって、魔が入り易いともいわれますよね。

矢作　んー、だから、それを含めて、五感が鈍ってるんですすね。

濁川　先生が前おっしゃっていたのは、だから、いわゆる霊に係わる、いわゆるスピリチュアルと言われている部分を全く理解しないと、教祖の超能力に全部騙される。彼が、ちょっとした何かそういう能力を発揮すると、もう、その時点で教祖が神になってしまう。

矢作　でも、そんなに高い次元のことじゃないですからね。だからやっぱり、あれって「気」のレベルですからね。3次元の話ですから。

濁川　でも、空中に浮いたかどうかは別として、超常的なことをやってのけたんじゃないですか？

長堀　霊能者のことを言うと、その、まあ、本当に大元にこう繋がる人と、その途中と繋がる人がいて、その途中でもですね、いろんな能力を発揮するらしいんですよ。

矢作　特にね、ダークサイド側だと、ある程度の次元でも、ダークサイド側がまだありますんで、けっこう色々遊ばれちゃうんですね。

長堀　うん、遊ぶ、遊ぶんです。だから、嫌なことを言って、相手が苦しんだりとか、それ見て喜んだりするわけですよ。あとは、お金ですよね。お金にこだわっている。だから、過去のカルマがどうだから、これを買わなきゃいけない、とか、何十万円のお祈りをしよう、とか。

濁川　霊感商法ですね。

長堀　ええ、「エゴ」だとか、「お金」が入って来ると、やっぱり違う方向に行きます。そこは一つ見極めるポイントかなと思うんですけれども。

濁川　僕ら子どもの頃から、唯物主義の世界に育っていると、たぶんそういうものを全くこの、何ていうのかな、免疫がないから、ちょっとでもそんなのを見せられちゃうと、コロッといっちゃうんじゃないですかね。勉強だけしてたから。

長堀　いや、それはある。

矢作　まあ、つまんない勉強してたっていうことですね。（笑い）

長堀　そうですよね。（笑い）

濁川　うーん。でも受験勉強とか、テスト勉強だけしかしていない人達は……

矢作　本当は全人教育が重要なのに、明治維新で理性と直観の両方を磨く全人教育を取っ払ったじゃないですか。だって、それこそ極端にいえばね、医療一つとったって、古来日本がもっていた、そういう医療を捨てちゃったんです。医師の免許をとれなくしちゃったんです。一事が万事、そういうことをやらかしたわけなんですよ。

濁川　ああ、そうかあ。

矢作　「廃仏毀釈」とかね、「神仏分離」とかね、みんなそうじゃないですか。

科学が霊魂を排除した

長堀　超能力の研究も潰されちゃいましたよね。東京帝大の助教授だった福来友吉による、「千里眼事件（※）」という有名な出来事がありましたが、あれを潰した山川健次郎という学者は、そのあと、東大の総長になってますね。

（※明治末期、千里眼の能力者、御船千鶴子や長尾郁子を、東京帝国大学の福来友吉等の学者が科学的に実験し新聞で公表、世論や様々な分野の学者を巻き込んで公開実験が行われ、詐術の疑いをかけられ真偽論争が起こった）

矢作　会津の山川家のね、いわゆる妹さんが、山川捨松っていって、のちに大山巌（※）

の後妻になった人ですよ。とっても、すぐれた人でしたけど。山川健次郎自身は物理学者だったんで、当時の物理学だと、どうしても今の量子論的な考えを理解するのは無理だったんだと思うんですよね。まだ無かったから。まあ、だから、しょうがないと思うんですけれどもね。ただやっぱり、そうやって間違っちゃったんでね。第7代の総長ですね。

（※元帥・陸軍大将。鹿児島の生まれで、西郷隆盛の従弟。陸相・参謀総長を務め、日露戦争では満州軍総司令官）

濁川　よかれと思ってやったんですかね。

矢作　まあ、みんな、そういう意味ではよかれと思っていた部分があると思うんですよ。ただ、本当の意味の科学者じゃなかったんですね。本当の意味の科学者だったら、自分に理解できないことが先ず本当に無いのかどうかということを、謙虚に止めとくはずです。そこで、思い込みで判断せずに。

濁川　確かに、「無知の知」でね。

長堀　記録を読めば、福来先生は、相応の手順を踏んで公開実験を進めたんですけど、ちょっと少し違う力や思いが横から入ってしまって、っていうところがあるんでしょうね。

矢作　あれね、やっぱり気の毒だったのは、あの時代はしょうがなかったんだけど、一人でも「中今」に繋がる人がいれば、後の人が心を同調することができれば、「場」として、その、共有できたんです。で、逆に、一人でも疑う人がいれば、その「場」ができないんですね。それをね、知らなかったために、疑い深い人達が何人も検証に入ってたっていうのが、再現性を落としちゃって、まがい物にされちゃった。これは実は、日本だけでなく、洋の東西問わず、そういうエネルギーものはみんなそうなんですよ。

長堀　ハイズビル（※）もそうですね。

（※1848年、ニューヨーク州の田舎町ハイズビルに住むマーガレットとケイトという幼い二人の姉妹に起こった幽霊（ポルターガイスト）事件。この事件が近代心霊研究勃興の端緒となり、ノーベル賞受賞者など、著名な研究者が科学的実験に着手、それ以後急速に、死後生存を認める運動が全米、次いでヨーロッパ各地に広まった）

矢作　ハイズビル事件、あ、あれはもうちょっと複雑で、それだけじゃなくってですね、当人自身が、いわゆる心が折れちゃって、その、レベルが落ちちゃったっていうのがあるんですね。

要は最初、今から150年ぐらい前にアメリカの東海岸で、いわゆるラップ現象が起こった家で、その、二人の姉妹がですね、感性がよくて、そこにその、過去の人が何かを言ってきているのに気付いて、まあ、結局ラップで、その疎通したんです。それがですね、後で、疑い深い人たちが、いかさまだっていうことを言って、要は再現できなくなっちゃったんですよね。そのうち本人たちも心が折れて、いかさま師になっちゃって、それでこう…

長堀　はじめはうまくいっていて、その家で起こった殺人事件を究明したりしていたんですけれど。日本の福来事件も、被検者であった御船千鶴子さんが結局死んじゃっている、自殺しちゃっているんです。生まれるのが早すぎたのかもしれない。

霊性の目覚めは自然との共生から

濁川　まあ、「霊性」の部分はですね、そこ

が人間にとって一番重要だっていうのは、もう共通認識で。だからそういうのが常識であるっていうような社会が本当に来ることを望みますね。それを前提に、色んなことを考えれば、たぶん、先生方がおっしゃったことは、ほぼ見えてくるというか、ほぼ解決する。そうすると、だって、物質至上主義に行く必要がないから、そうすると、余計な力を加える必要も無くなるでしょ。そうすると、シャンシャンで終わっちゃうんですけれどもね。

矢作　ねえ、終わっちゃっていいんじゃないですかね。

濁川　僕は最後、先生、「縄文の心」とかいわれていますけれども、日本人の自然の捉え方。僕自分の研究テーマが、「自然とスピリチュアリティ」だったり、「自然と霊性」だったりするんですね。自然というものの力について、少しお話し頂けませんか。

矢作　まあ、だから、「自然」っていった場合に、別に自然っていうものがあるわけじゃなくって、われわれも自然と一体なんで、まず、そこのところが出発点ですよね。そうすると、自然といった場合に、3次元だけじゃなくって、高次元までも当然、全部「世界」であって、そこがいわゆる、まさにその、「神人一如」っていうように考えたらいいと思うんですね。

長堀　地球も生命体ですから。私たちも地球の意識と連動している。で、こっちがガサガサした落ち着かない気持ちであれば、当然地球にも自然にも影響を与える。

濁川　さっき言った、最近の異常気象だとか。

矢作　人心の現れですよ。

長堀　ですよね、正にそうだと思いますけれども。

矢作　地球が怒りますよ、最後。

だから、やっぱり重要なことは、われわれ自身が、あんまり不安とか恐れとか、そういうネガティブなことを、エネルギーを、出さないことですね。

濁川　だから、「中今」今に集中して、将来の変な不安はいらないと。今一生懸命やっていればいいのか。

長堀　不安は消えますね。

矢作　1億2千7百万人がそう思ったら、凄い力ですよ。

濁川　ところで、長堀先生は縄文人の霊性の高さに関して書かれていますが、自然と霊性の関係をどのようにお考えですか。

長堀　豊かな霊性を示した縄文人は、意識せずとも「中今」に生きていたと思うのですが、彼らの生活は自然との共生がベースでした。そう考えると、現代人は、いわゆる一般的な自然からは離れて生活しているケースが多いので、自然の中に身を置くことが人間の霊性を培うためには必要でしょう。

濁川　ありがとうございます。縄文人でなくても、世界中の先住民族は基本的に自然と共生していて、アニミズムをベースとした霊性に満ちた生活をしていますね。それに比べると我々現代人は、人工的な生活をして、森林を伐採したり大地を汚染したり、ちっとも共生していない。むしろ破壊している。それでも時には、美しい自然の風景を見て「もののあわれ」を感じたり、ブナの大木を前に思わず頭を垂れたりしますものね。それはやっぱり霊性に関連した感情だと思うのです。

先程矢作先生がおっしゃいました、「別に自然というものがあるわけじゃなくって、われわれも自然と一体」だと、それが出発点だと。ということは我々の中にも霊性があるから、だから美しい風景を見たとき我々の霊性が自然の中の霊性に触れて魂がゆさぶられるという、つまり「もののあわれを感じる」ということになるのでしょうかね。日本は特に自然が豊かだから、たしかに日本人は霊性に目覚め易いはずですよね。

14．日本人の使命（むすび）

濁川　最後になりますが、「日本人の役割り」。それは先生方がおっしゃるように、日本人が持っている、他人に譲ったり、自分のことを一歩引きながら、全体の調和を考えてたり、そういうある種の能力というか、そういう資質にあると。

矢作　まあ、資質というよりは、そういう行動でしょうね。はい。行動の中で、人がこう、感化されていくわけなんでね。

長堀　今回のサッカーワールドカップでも、そうですよね。代表チームが、綺麗にロッカーを掃除したと報道されていました。選手やスタッフはいつも通りに行動したのでしょうけれども、世界が驚いたわけですよ。そのような日本人として当たり前の行動を、当たり前にして行くということだけでも、全然違うと思うんですよ。

濁川　日本人でも、大企業からはここにきて、色々なかつてなかったような不正がいっぱい出てくるでしょう？

矢作　だから、そういうモラルハザードっていうのもね、ある意味での「帰結点」ではあると思うんですけれどもね。

長堀　「浄化」の意味合いもあるんじゃないですかね。このような膿を出していけば、世の中が変わっていくわけですから。

濁川　最近、やったら出てきてますよね。色んな大きいところから。

矢作　まー、だって、それこそ「拝金主義」でやってきたわけですからねえ。

長堀　で、不祥事への対応で、ガラッと変わってますよね、先行きが。

濁川　ああ、そうか。どう対応するかによって、あっちに行くか、こっちに行くか。

長堀　まずい対応をする組織もありますよね。そのようなところは今後厳しいと思うんですね。社会の意識がそれだけ上がっていますから。容認しないというか厳しくみていますのでね。結局は、真摯に対応していくということが求められていると思います。

濁川　まあ、長堀先生が書いていますけれども、縄文人のね、自然と調和しながら、みんなで調和を目ざして生きたあの心を思い出す。もう、そこに行き着きますかね。

長堀　そういったところで、若者の方がしっかりしていますよね。最近続いているスポーツ界におけるパワハラ問題をみても、登場する若者たちはじつに立派ですね。それに比べて大人たちがだらしない。

矢作　そうですね。これからは団塊の世代など大人から、若者へ、自然に代替わりしていくと思うんですよね。

長堀　引退して、本当にすごい若者たちが出て来る。それがこれからの世の中ですよね。

濁川　かつて、日本は、素晴らしくて、それが西洋の色んな力だとか、色んなもので一度ずいぶん疲弊していったけれども、じゃあ、かつて持っていた日本人の、戦前でもいいですし、江戸時代でもいいですし、もっと戻って縄文でもいいですけれども、そういう所に、今、僕らは戻りつつある。

「テーブルクロス理論」で一気に流れは加速する

長堀　うーん、そうですね。そういった大きな流れがあるんですけれども、その流れがようやく意識され始めたといったところでしょうかね。

濁川　我々が作る本で、そういう流れをどんどん加速したいですね。

矢作　まあ、あの、普通にしとけば、気づく人は気づくでしょうし。

長堀　結局そうなんです。立教大学での講演会でも、こちらのぶっ飛んだ話にやったら反応してくれる人が何人かいるんですよ。

で、その人がパーッと宣伝してくれたりするわけです。

濁川　でも、先生、気づく人が増えないと困るじゃないですか。

矢作　もちろんね。ただね、やっぱり究極は「自由意志」っていうか、自分自身が気づくっていうことが、大事なんで。やっぱり、まあ、スマートにやって、なるべくこう認知はされる努力はした方がいいと思うんだけど、気づく気づかないは当人のね。

長堀　うるさくいって、気づくかというと、わかんない人はわかんないんですよね。レセプターがない人は。ただ、講演会で、何人か「わかった!」っていう人がいれば、それで大成功だと僕は思います。

それが、矢作先生がおっしゃる「テーブルクロス理論」ですよね。

濁川　何ですかそれ。

矢作　ピピッとね、要は、全部を上げるのは無理なんで、一箇所をあげればついてくると。

濁川　一箇所上げれば。

長堀　何カ所かつまんで引き上げれば、あとはついてくるということです。我々と同じような考えをもってる人は一割ぐらいかもしれない。ただ、強硬に反対する人も一割ぐらい。で、どっかで何かが変われば、バーッと変わる。隅を抑えたときに大逆転劇が起こるオセロゲームといってもよいでしょう。これまで考えていない人が気づく。そういった人たちの集合的無意識がつながり、ワーッと広がって行くと、本当に一気に大変化が起こるということがあるんじゃないかなと思ってます。

濁川　そうですか、うん、楽しみですね。そう考えると。

矢作　そうですね。

長堀　だから、地道な講演活動っていうのも、大事だと思いますよね。

濁川　なるほどね。素晴らしい。もう話すことは、十分話した感じです。

さて先生がた、本日は貴重なお時間を有難うございました。この鼎談は、本書の内容を補う目的で行ったのですが、テーマは「日本、そして世界の未来のために」ということでした。私が思いつくままに話題を振ったにもかかわらず、お二人の先生からは、それぞれ高い見識で、的を射たお話が頂けたように思います。でもまあ、常識という曇りガラスを通して見ると、少し理解しづらい部分があったのかも知れませんね。

この鼎談が、本書のテーマ「日本人とは何か、世界調和に向けて日本人の役割は何か」を考えるうえで、少しでも役に立てば幸いです。矢作先生、長堀先生、本日は誠に有難うございました。

（鼎談終了）

おわりに

矢作直樹

濁川孝志教授の主催により、このたび長堀優先生と不肖私を交えて「わが国、日本人とは」というテーマについて忌憚なく話し合わせていただきました。その中から、わが国の本来の在り方がやがて世界を愛と調和の方向に向かう道標となることを述べさせていただきました。

人が今あることを先祖に感謝し、自分が誰であることを知って矜持と志を持ち、子孫たちに故郷・国を引き継ぐ、という当たり前のことがなされるよう願って今回の出版に携わらせていただきました。

さて、量子論の〝観測問題〟を持ち出すまでもなく、身の回りの世界は私たちの意識の集合が作り上げるものです。昨今の天変地異も私たちの人心の現れです。

わが国は〝天皇のしろしめす国〟、つまり天皇を国民の要として皆が調和し相和して暮らすことを旨とする国でした。一方、今の世界は、〝うしはく〟、つまり統治者と統治される者たちとの力による二項対立の構造です。

米国主導で、第二次世界大戦の戦勝国が作った戦後体制の中で国連はじめ世界は動いてきました。わが国も国連のメンバーとして第二位となる分担金負担をしてきましたが、その国連は今でもわが国を〝敵国条項（国際連合憲章第53条と第107条）〟の対象国にしています。敵国条項とは、「日本が戦争を起こそうとしている」、と判断されただけで戦勝国側は、国連安保理の決議を経なくても日本を攻撃できるという条項です。つまり、世界はわが国が国連に参加して、「世界の平和と繁栄に貢献（外務省ホームページ）」してきて62年経っても構造的に待遇は変わりません。

米国は心底日本を怖れたので戦後、日本が再び立ち上がらないようGHQにより洗脳をかけ、これが思いのほか功を奏して今に至るまで解けず、わが国は独立することなく今日まで米国の保護国として過ごしてきました。良し悪し以前に、「力こそ正義」の列強の中にあっては独立国でない〝国〟の信用はありません。

ただ、ここで時計の針をもどすことはもちろん、これからいわゆる〝独立国〟に戻ることも現実的ではありません。すでにわが国と米国とは「結合双生児」の状態にあるからです。米国は外交軍事で日本を、日本は財務で米国を、支えることでお互いに存立できているので今さらただ離れることはできないでしょう。むしろ、米国をひいては世界を日本のような調和が幸せだと思えるように感化することが現実的でしょう。

わが国のこの国柄は、究極、世界が平和に向かって進化していくにあたり、ひとりわが国一国にとどまらず、やがて世界がわが国の国柄に近づくことが求められます。まさにそれが日本の役割～世界調和への羅針盤、です。

そのために私たち日本人はまず自分を知ることが先決です。今さら言うまでもありませんが、学校で教わる〝歴史〟は、世界の中でお付き合いしていく上で基本となる「戦勝国の史観」であることが明言されていません。多感な子どもに、敗者であるわが国が勝者によって一方的に悪者と断罪された近現代史が盛り込まれ、そもそもわが国が縄文時代のような世界最古の優れた文明を持ち、その後統治体制の変遷を越えて〝天皇のしらす国〟であったという国柄を教えない歴史教育はいけません。

本来、子どもにわが国の〝国史〟をきちんと教え、先祖や母国に感謝の念と誇りを持てるようにすることが歴史教育の基本ですが、残念ながら現状では、学校教育を是正するのは極めて困難です。ましてや、子どもに二つの〝歴史〟があることを適切に理解させるのは、なお難しいでしょう。

国史については、すでに多くの方々がずっと以前から様々な取り組みをしてこられました。今さら自分たちが屋上屋を重ねる、ということにならないように心がけねばと考えました。今の時代は地球の曲がり角です。

今、それまで森羅万象の織りなすものが形而上学と形而下学とに分けて考えられてきたのが、量子論を敷衍することで同じ土俵で考えられるようになってきました。すべてはエネルギーであると。

濁川教授の的確な問題提起に従い、長堀先生と矢作が太古からの日本、日本人について思う所を自由に語らせていただきました。

我が国の先祖、とくに縄文の人たちはまさに霊性の人でした。中今に生き、高い文明を持ち、気の遠くなるほど長い年月にわたって平和に暮らした彼らの英知が今まさに注目されています。洋の東西を問わず霊性の時代から、理屈でものを考える学びをしてきたこの2500年を経て、私たちは理性と霊性とをそのバランスを取って生きる時代を迎えつつあります。

東日本大震災以後、あのような厳しい試練の経過で、誰に教わるともなく、現地の人々がみせた高い精神性に裏付けられた行動に日本人だけでなく世界中の人々が心動かされたことは記憶に新しいことです。意識に刻まれた特質は消えるものではないことを教えられました。

日本人のこのような素晴らしい資質を思い出し、先人たちの軌跡を知れば必ずやよい方向に行くと確信しています。そのために従来言われてきたことより少しばかり踏み込んだ部分もあるかと思います。長堀先生は、現役医師としてするどい観察眼でお迎えまでの患者さんたちのこころの推移や「お迎え」そのときの様子を捉えて、「誰も心配せずとも状況を受容して従容として他界していく」ことを明快に述べられています。また、先生独自の行動力による古の日本の様々な実相についてもとてもよく掴んでいらっしゃいます。

今回の本で、私たちが読者の皆様に今という大切なときに生きる意義とすばらしさを感じとっていただき前に向いて生きていかれることにほんのわずかでも資することができたら望外の幸です。

矢作 直樹（やはぎ　なおき）

1956年、横浜市生まれ。1981年、金沢大学医学部を卒業後、麻酔科、救急・集中治療、内科の臨床医として勤務しながら、医療機器の開発に携わる。1999年、東京大学工学部精密機械工学科の教授に。2001年に同大医学部救急医学分野教授、同大病院救急部・集中治療部部長。2016年3月、任期満了退官。東京大学名誉教授。

著書に『人は死なない』（バジリコ）、『天皇』（扶桑社）、『おかげさまで生きる』（幻冬舎）、『天皇の国』（青林堂）、『天皇の祈りが世界を動かす〜「平成玉音放送」の真実〜』（扶桑社新書）など

長堀　優（ながほり　ゆたか）

一般財団法人　育生会横浜病院　院長

私立開成高校、群馬大学医学部卒業、研修医を経て昭和60年横浜市大消化器腫瘍外科学教室に入局、平成5年ドイツ・ハノーファー医科大学に留学（ドイツ学術交流会奨学生）、平成17年横浜市立みなと赤十字病院外科部長、平成20年横浜船員保険病院副院長、平成27年4月より現職。

資格：日本臨床外科学会評議員、日本外科学会指導医、日本消化器外科学会指導医・消化器がん治療認定医、信州大学医学部組織発生学講座委嘱講師、日本ホリスティック医学協会理事、横浜市保土ヶ谷区医師会理事など

著書に『見えない世界の科学が医療を変える』『日本の目覚めは世界の夜明け』（以上でくのぼう出版）『タマシイはひたすらびっくり体験とわくわくアイデアだけを求めてあなたにやって来た！』（ヒカルランド／共著　池川　明）

濁川 孝志（にごりかわ　たかし）

1954年、新潟県生まれ。
現職：立教大学　大学院コミュニティ福祉学研究科　教授　博士（医学）
研究領域：トランスパーソナル心理学、心身ウエルネス、自然とスピリチュアリティ
著書に『星野道夫の神話』（コスモス・ライブラリー）、『新・コミュニティ福祉学入門』（有斐閣）、『ブラックバス問題の真相』（牧歌舎）など

日本の約束　世界調和への羅針盤

二〇一八年 一一月 二三日　初版 第一刷 発行

著　者　矢作直樹・長堀 優・濁川孝志

装　幀　桑原 香菜子

発行者　山波言太郎総合文化財団

発行所　でくのぼう出版
神奈川県鎌倉市由比ガ浜 四—四—一一
ＴＥＬ ○四六七—二五—七七○七
ホームページ https://yamanami-zaidan.jp/

発売元　株式会社 星雲社
東京都文京区水道 一—三—三○
ＴＥＬ ○三—三八六八—三二七五

印刷所　株式会社 シナノパブリッシングプレス

ISBN978-4-434-25429-1